COUR D'ASSISES DE LA SEINE.

Audience du 6 mars 1844.

PROCÈS

DE

M. L'ABBÉ COMBALOT.

PRIX : 1 FR.

(Conserver la couverture)

PARIS.

CHEZ WAILLE, ÉDITEUR, RUE CASSETTE, 8.
AUX BUREAUX DE L'UNIVERS, 29, RUE DU VIEUX-COLOMBIER.
ET CHEZ TOUS LES LIBRAIRES DE PARIS ET DES DÉPARTEMENTS.

AVRIL 1844.

A. SIROU, IMPRIMEUR, 37, RUE DES NOYERS.

PROCÈS

DE

M. L'ABBÉ COMBALOT.

Paris. — Imprimerie d'A. SIROU, successeur d'A. PIHAN DE LA FOREST,
Rue des Noyers, 37.

COUR D'ASSISES DE LA SEINE.

Audience du 6 mars 1844.

PROCÈS

DE

M. L'ABBÉ COMBALOT.

PARIS,

CHEZ WAILLE, ÉDITEUR, RUE CASSETTE, 6.

AUX BUREAUX DE *L'UNIVERS RELIGIEUX*,

29, RUE DU VIEUX-COLOMBIER.

1844

COUR D'ASSISES DE LA SEINE.

PROCÈS

DE

M. L'ABBÉ COMBALOT.

Cette cause célèbre avait attiré à la Cour d'assises une affluence dont on ne peut se faire une idée qu'en se rappelant les procès les plus retentissants des annales judiciaires.

Dès huit heures du matin, tous les abords de la Cour étaient assiégés par une foule de curieux, de dames, de journalistes, d'avocats en robe. Toutes les banquettes que l'on a fait disposer extraordinairement dans l'intérieur du prétoire sont envahies aussitôt que les portes de la salle sont ouvertes. Toutes les places réservées au barreau et à la magistrature sont remplies.

On remarque parmi les curieux plusieurs députés et des ecclésiastiques éminents.

Au banc de la défense sont assis : M. Henri de Riancey, défenseur, qui a fait dans cette grande cause ses glorieux débuts; et M. Louis Veuillot, rédacteur en chef de *l'Univers*, et l'un des conseils de M. l'abbé Combalot.

Les jurés que le sort n'a pas désignés pour siéger dans l'affaire prennent place sur des chaises devant le bureau de la Cour.

A dix heures quarante minutes l'audience est ouverte.

M. le procureur-général Hébert, assisté de M. Jallon, occupe le parquet.

Sur l'ordre de M. le président, le greffier donne lecture des pièces de l'instruction et de l'arrêt de renvoi.

M. le ministre de l'instruction publique, par sa lettre du 6 janvier 1844, appela l'attention de M. le procureur-général sur une publication sortie des presses de M. A. Sirou, imprimeur, ayant pour titre : *Mémoire adressé aux Évêques de France et aux Pères de famille sur la guerre faite à l'Église et à la société par le monopole universitaire*, et souscrit du nom de M. l'*abbé Combalot*, missionnaire apostolique. Il lui signala cette production comme portant un degré de violence qui réclamait évidemment une répression légale; la diffamation et l'injure contre le corps entier de l'Université de France et contre les écoles fondées et entretenues par l'État, et il en demanda la poursuite en vertu des dispositions des lois répressives des délits commis par la voie de la presse.

Le même jour, 6 janvier, M. le procureur-général transmit à M. le procureur du roi, près le tribunal de la Seine, la plainte portée par M. le ministre de l'instruction publique. M. le procureur du roi fit, en vertu d'une ordonnance du juge d'instruction, procéder à la saisie de l'écrit dont il s'agit.

L'imprimeur avait déclaré que l'ouvrage devait être tiré à 4,000 exemplaires, mais que ce tirage s'était borné à 1,500; il fit remise de 325 exemplaires brochés et de 100 exemplaires existant en feuilles dans les magasins. On reconnut que 400 exemplaires avaient été vendus au journal l'*Univers* et que le surplus avait fait l'objet de ventes partielles et sans importance.

On continua la saisie dans les bureaux de l'*Univers* où il ne restait que 86 exemplaires.

Puis un mandat de comparution fut décerné contre M. l'abbé Combalot. Les poursuites furent d'abord dirigées au domicile de M. l'abbé Combalot, rue de Tournon, 4. M. Combalot était alors absent de Paris; il prêchait à Toulon. Un nouveau mandat de comparution lui fut signifié dans cette ville; mais les prédications commencées par M. l'abbé Combalot ne pouvant être sans inconvénients suspendues, une commission rogatoire fut envoyée au juge d'instruction de Toulon, qui fut chargé d'interroger le prévenu.

Le 31 janvier 1844, M. l'abbé Combalot fournit son interrogatoire. Il reconnut l'ouvrage; il déclara qu'il n'entendait en aucune manière en décliner la responsabilité. Mais quant aux délits à raison desquels il était poursuivi, il en repoussa l'intention. Il protesta qu'il n'avait pas eu la pensée d'attaquer une administration publique, ni aucun fonctionnaire, ni d'exciter à la haine des citoyens les uns contre les autres. Voué par état à la défense et à la prédication des vérités de la religion, il a cru devoir jeter un cri d'alarme et avertir les pères de familles, lorsqu'il a vu ces vérités attaquées dans les ouvrages accrédités par l'Université pour l'instruction de la jeunesse : il a moins encore voulu exciter à la haine et au mépris du gouvernement ; le catholicisme donnant, dans son opinion, mieux que tous les autres cultes établis, une base inébranlable à l'ordre et à la paix publique, il a cru rendre un vrai service au gouvernement, en le défendant contre les attaques du scepticisme et de l'impiété.

Nonobstant ces explications, M. le procureur du roi ayant persisté dans son réquisitoire, par son ordonnance du 8 février 1844, le tribunal de première instance décréta la mise en accusation de M. l'abbé Combalot, à raison des quatre chefs d'incrimination suivants : Diffamation et injures envers une administration publique; le délit d'avoir cherché à troubler la paix publique, en excitant la haine ou le mépris des citoyens contre une classe de personnes; le délit de provocation à la haine contre diverses classes de la société ; et d'excitation à la haine contre le gouvernement.

A la cour, le ministère public a maintenu les réquisitions par lui prises en première instance, et la chambre des mises en accusation, après en avoir délibéré, a renvoyé M. l'abbé Combalot devant les assises, où il comparaissait aujourd'hui, assisté de Me Henri de Riancey.

M. LE PRÉSIDENT. Prévenu, vos noms et prénoms?

L'ABBÉ COMBALOT. Théodore Combalot.

M. LE PRÉSIDENT. Votre âge?

L'ABBÉ COMBALOT. Quarante-six ans.

M. LE PRÉSIDENT. Votre profession?

L'ABBÉ COMBALOT. Missionnaire apostolique.

M. LE PRÉSIDENT. Où êtes-vous né?

L'ABBÉ COMBALOT. A Châtenay (Isère).

M. LE PRÉSIDENT (montrant le Mémoire de M. Combalot). Je vous présente cet écrit, qui sert de base à la poursuite, et dont vous avez déclaré accepter la responsabilité. Le reconnaissez-vous?

L'ABBÉ COMBALOT. Oui, M. le président.

M. LE PRÉSIDENT. La parole est à M. le procureur-générel.

M. HÉBERT, *procureur général*. Messieurs, nous vivons dans un pays de libre discussion. Nos lois, d'accord avec les mœurs publiques, donnent à l'écrivain le droit d'exprimer librement sa pensée sur le gouvernement et sur toutes les parties de l'administration du pays; de contrôler, de blâmer, de combattre les actes du pouvoir et de ses agents responsables; de se plaindre des lois existantes, d'en signaler les imperfections, d'en réclamer de meilleures, et de traiter enfin, avec une indépendance entière, toutes les questions que peut soulever l'étude de notre organisation administrative, politique ou sociale.

A ce droit si étendu, et dont on a si souvent abusé, une seule limite, pour ainsi dire, est posée; et l'on peut ramener à ce point le système entier de nos lois sur la presse. C'est la limite qui sépare la discussion mesurée et sincère de l'attaque brûlante et passionnée; le désir d'éclairer et de convaincre les esprits, de la volonté arrêtée de les égarer par l'erreur, ou de les agiter par la violence...

La loi dit à l'écrivain : Vous discuterez, mais vous ne diffamerez point; vous n'outragerez ni les personnes, ni les pouvoirs, ni les institutions, ni les lois; vous ne mettrez point l'injure à la place du raisonnement, l'expression de la haine et du mépris à la place d'une appréciation loyale et judicieuse. Que si vous vous écartez de cette interdiction salutaire, qui garantit à la fois la dignité de la presse et le maintien de la paix publique, vous répondrez devant la justice du scandale que vous aurez causé et du mal que vous aurez voulu faire.

Voilà, nous le répétons, toute notre législation sur la presse.

Messieurs, cette liberté de discussion, qui s'étend à tout ce que la loi n'a point mis en dehors de l'examen et de la responsabilité, s'est particulièrement exercée, depuis quelque temps, sur un sujet digne, en effet, d'occuper les méditations des esprits élevés.

Nous voulons parler de l'instruction publique et de la liberté d'enseignement.

Il existe au sein de notre patrie une grande et belle institution, qui commença en France lorsque la France commença elle-même à compter dans le monde, qui a grandi avec la civilisation dont elle fut toujours le puissant auxiliaire, et qui, intimement associée à la puissance publique du jour où celle-ci eut conquis son unité et sa forme régulière, s'enorgueillissait du titre de *Fille de nos rois*, en même temps que la reconnaissance publique lui décernait celui de *Mère* des générations éclairées.

Les édits de nos princes, les arrêts des parlements, l'opinion unanime des publicistes, avaient établi depuis des siècles, comme des maximes fondamentales, que l'enseignement était un droit de l'État; que c'était une des fonctions essentielles du gouvernement de veiller et de pourvoir à l'éducation et à l'instruction de la jeunesse, et que, dans un intérêt social qui se confondait avec celui de la monarchie, nulle école, grande ou petite, ne pouvait s'établir sans la volonté du souverain.

Tels furent, Messieurs, la base et le régime des anciennes universités, de ces grands établissements scientifiques et sociaux qui produisirent pendant trois cents ans tout ce que l'Église, la magistrature, les lettres et les sciences comptèrent d'hommes éminents et d'utiles serviteurs de l'État.

Nul n'osait alors attaquer de front ces maximes tutélaires; et si parfois des prétentions rivales, bien ou mal déguisées sous le masque du bien général, tentaient d'en fausser le sens ou d'en éluder l'application, tout le monde alors s'unissait pour les combattre; et dans cette lutte dévouée, au profit d'un grand intérêt public, le clergé séculier ne faisait jamais attendre son concours utile et respecté.

Telle fut aussi la pensée qui anima le grand empereur, le Charlemagne des temps modernes, lorsqu'au sortir du chaos révolutionnaire, toutes les institutions nécessaires à un grand peuple furent créées ou rétablies par sa volonté puissante, et quand, de cette main qui venait de signer le concordat et de relever les autels, il rassembla les débris épars des anciennes universités pour en constituer ce nouveau corps universitaire qui, depuis quarante ans, distribue les bienfaits de l'enseignement à toutes les classes de la société.

C'est, Messieurs, cette institution dont l'origine, les titres, l'influence, l'existence présente et surtout l'avenir sont aujourd'hui l'objet d'une polémique ardente et soutenue.

Une opinion s'est produite, selon laquelle l'enseignement, sa direction, ses méthodes, ses conditions ne seraient plus que des choses d'intérêt privé, de fantaisie individuelle, abandonnées à l'arbitraire de chacun, et sur lesquelles, en tout cas, nul n'aurait moins de droit et de pouvoir que l'État.

L'État, qui depuis si longtemps possède ce pouvoir et l'exerce, devrait en être dépouillé comme d'un privilége injuste, comme d'un odieux monopole (c'est le mot consacré), et la surveillance qu'on lui laisserait en cette matière serait tout au plus l'équivalent du droit de police qui s'exerce sur les marchés et sur les lieux de réunions publiques.

Cette prétention, Messieurs, quelque inadmissible qu'elle paraisse, quelque subversive qu'elle fût, si elle pouvait prévaloir, n'en est pas moins, nous le reconnaissons, dans le droit de ceux qui la produisent ou qui s'en déclarent les défenseurs.

La liberté d'écrire, après tout, n'est pas seulement le droit de publier des opinions bonnes, justes, raisonnables; et quand nous l'avons inscrite au rang de nos institutions constitutionnelles, nous avons dû savoir que si elle donnait désormais à la vérité tous les moyens de se faire jour, elle ouvrait en même temps la carrière à toutes les aberrations de l'esprit humain.

Il est donc permis en cette matière, comme en beaucoup d'autres, de déraisonner librement, de ne tenir aucun compte des faits, de méconnaître les leçons du passé, de fermer les yeux sur les intérêts les plus évidents de l'État et de la société; mais ce qui ne l'est pas, et qui ne saurait l'être, c'est de diffamer ceux dont on se constitue l'adversaire ; c'est de signaler au mépris, à la haine, une institution appuyée sur des lois qui, tant qu'elles existent, commandent obéissance et respect ; c'est de frapper d'une sorte de proscription morale, de flétrir de noms ignominieux une classe d'hommes voués à l'accomplissement de fonctions modestes et pénibles ; c'est, enfin, de ne reconnaître l'association du gouvernement et de l'enseignement public que pour les confondre dans un commun anathème, et pour les atteindre d'une même réprobation.

Ce sont là pourtant, Messieurs les jurés, les traits habituels et les caractères qui distinguent la plupart de publications qui, depuis deux années environ, sous des influences que nous n'avons point à rechercher ici et dans les vues qu'il est facile à chacun d'apprécier, alimentent la guerre déclarée à l'enseignement universitaire.

Pour ne citer que les principales, nous indiquons seulement :

Le monopole universitaire, par M. l'abbé Desgarets ;

L'Université jugée par elle-même, du même auteur ;

Le Cathéchisme de l'Université, par un montagnard vivarais ;

De l'abolition du monopole universitaire, par l'abbé Moutonnet, ouvrage en ce moment poursuivi à Lyon ;

La Charte vérité, par un anonyme ;

La politique de Satan, par M. de Saint-Chéron ;

Enfin, *les Devoirs des citoyens français au sujet de la liberté d'enseignement*, espèce de catéchisme destiné à colporter partout, au prix de 5 centimes par exemplaire, les accusations les plus odieuses contre l'université, ses doctrines et son enseignement.

Parmi toutes ces publications, heureusement éphémères, il en est une où toute mesure, et nous dirons toute convenance, ont été tellement oubliées, que le ministère public, au nom de l'intérêt social qu'il défend, et l'Université elle-même, au nom de son honneur, comme corps, et de la considération de chacun de ses membres, se sont rencontrés dans une même pensée pour en demander justice aux tribunaux.

Soumise à ce double titre à l'examen préalable du tribunal de la Seine et de la Cour royale, elle a été reconnue par les magistrats contenir les délits que la poursuite avait signalés. Une ordonnance de la chambre du conseil, un arrêt de la chambre des mises en accusation, nous ont imposé le devoir de vous en déférer l'auteur.

Cette brochure, que l'auteur faisait tirer à 4,000 exemplaires, qui ont été saisis moins environ 400, distribués par l'entremise des bureaux du journal *l'Univers religieux*, est intitulée : *Mémoires adressé aux Évêques de France et aux Pères de famille sur la guerre faite à l'Église et à la Société par le monopole universitaire.*

Les délits relevés par l'arrêt de la Cour sont :

1° Le délit de diffamation et d'injures envers une administration publique ;

2° D'avoir cherché à troubler la paix publique en excitant le mépris ou la haine des citoyens contre une classe de personnes ;

3° Le délit de provocation à la haine entre les diverses classes de la société ;

4° Le délit d'excitation à la haine et au mépris du gouvernement du roi.

Pour réduire immédiatement la prévention à ce qu'elle doit atteindre, il faut distinguer dans cette publication deux choses : le système que l'auteur veut faire prévaloir, et les moyens qu'il emploie pour y parvenir ; en d'autres termes, le fond de la pensée, et la forme sous laquelle on a cru pouvoir l'exprimer.

Quant au système, quant au fond de l'écrit, rien n'est plus simple, et nous pouvons l'analyser rapidement.

Suivant l'auteur, tout enseignement laïque est une usurpation sur l'Eglise, une offense à Dieu, un tort fait à la famille et à la société. Le prêtre est seul capable d'élever et d'instruire, de former à la fois l'homme et le chrétien, le citoyen et le catholique. Il n'y a que l'Eglise et ses ministres qui sachent enseigner l'histoire avec vérité, la poésie, les belles-lettres avec éclat, les sciences naturelles et physiques avec certitude. Seul aussi le prêtre est dépositaire des préceptes de la vraie morale, et, les identifiant avec les dogmes de la religion dont il est le ministre, seul il peut les inculquer à ces jeunes intelligences qu'il est chargé de former pour le monde et pour le ciel.

Mais comme pour accomplir cette tâche si vaste et si laborieuse il faut d'innombrables ouvriers, l'auteur demande deux choses : premièrement que l'on rappelle et que l'on installe dans tous les diocèses, à Paris surtout, toutes les corporations religieuses interdites par nos lois, telles que les dominicains, les franciscains, les jésuites, les rédemptoristes, les philippins, les bénédictins et les chartreux, sans doute pour leur livrer l'enseignement de la jeunesse.

En second lieu, qu'on ajoute aux églises de Paris cent cinquante chapelles en état de contenir chacune de 12 à 1,500 fidèles; et que les religieux de tous les ordres soient appelés à y faire entendre chaque jour leurs instructions et y exercer le saint ministère.

Tel est au fond le système de l'auteur, lorsqu'il s'occupe de mettre autre chose à la place de l'Université qu'il attaque, et quand il n'en est plus à détruire mais à fonder.

Et, à cet égard, ses idées sont tellement arrêtées, et son plan lui paraît si parfait, qu'emporté par son zèle de restauration et de réforme, il se plaint amèrement de ce que ses vœux n'ont point encore été prévenus par Mgr l'archevêque de Paris, et gourmande sévèrement le prélat sur son silence et son inaction.

Messieurs, nous avons à peine besoin de le dire, ce n'est point là ce qui, dans le livre, est la matière de la poursuite; mais en voyant clairement ce que veut, ce que propose, en définitive, l'auteur de ce manifeste anti-universitaire, on aura peut-être d'autant mieux le dernier mot de ces attaques si vives et si répétées, et l'on saura ce qui, pour quelques-uns du moins, se cache sous ces mots de *droit commun et de liberté d'enseignement*.

Voici donc textuellement quelques passages de cette partie du livre, à l'appui du résumé succinct que vous venez d'entendre.

Page 13. « L'éducation a un triple but : elle doit développer l'intelligence de l'enfant en lui donnant la vérité, rien que la vérité ; elle doit redresser, diriger, purifier les penchants de son âme, les tendances de sa volonté, en les soumettant à une règle immuable. Elle doit enfin former les habitudes de sa vie et le plier aux devoirs qui l'attendent. Or le pontificat seul peut atteindre ce but suprême de l'éducation ; seul il peut faire l'homme intelligent, l'homme social, l'homme fort et vertueux. Sortez de là, vous n'échapperez jamais, en matière d'éducation, à la barbarie *sauvage* ou à la barbarie *savante*, la seule qui sorte et qui puisse sortir du monopole. »

Pages 15 et 16. « L'épiscopat est donc chargé par Jésus-Christ même de faire l'éducation intellectuelle des enfants de la société catholique. Prétendre qu'un corps séculier a le droit d'usurper cette sainte paternité des esprits, c'est renverser de fond en comble l'ordre établi de Dieu, pour transmettre aux enfants de l'Eglise le patrimoine de la vérité ; c'est fouler aux pieds la vérité du roi des rois ; c'est anéantir l'apostolat du pontificat et du sacerdoce.

« Le pontificat et le sacerdoce ont une philosophie, une histoire, une littérature, des arts, des doctrines scientifiques enseignées au Collége de France, à l'Ecole Normale et dans la plupart des chaires du monopole. La question est de savoir si les enfants spirituels des évêques, si les enfants catholiques de la nation, peuvent être imbus des doctrines subversives de la vie surnaturelle et divine que l'épiscopat leur a donnée. »

Dans les pages suivantes, Messieurs, l'auteur établit à sa manière que l'Eglise seule peut enseigner l'histoire, la poésie, les sciences et les arts ; puis, il continue à s'exprimer ainsi à la 23e page de la brochure :

« J'ai dit en troisième lieu que l'épiscopat, seul, peut

donner à la jeunesse catholique de la France, dans des établissements placés sous sa direction immédiate, les habitudes généreuses et simples, et les instincts formés de la vertu; que lui seul peut l'initier à la pratique des devoirs sans lesquels l'adolescent ne saurait se préparer à sa mission d'époux, de père, d'homme public, de citoyen vertueux. »

Aux pages 47 et 48 il émet son opinion sur l'éducation des princes :

« On ne le dira jamais assez, les prêtres seuls savent former la jeunesse; eux seuls peuvent la préparer aux grands devoirs de la vie publique : et, c'est parce que le prêtre est un homme de renoncement et de sacrifice, c'est parce que le sacerdoce est une sainte maternité; la maternité du sang et la maternité de la grâce s'achèvent et se perfectionnent : l'une fait l'homme physique, l'homme de la famille; l'autre fait l'homme de la société, l'homme religieux, l'homme complet. Il n'y a pas de bonne éducation purement laïque, quel que soit le salent d'un professeur.

« Les courtisans lettrés qui font l'éducation des princes ne peuvent être que les flatteurs, que les témoins impuissants de leurs faiblesses. Le précepteur d'un prince catholique doit être un prêtre. »

A la page 60, Messieurs, nous retrouvons cette attaque vive et passionnée dont nous vous parlions tout-à-l'heure; ces conseils presque menaçants adressés à M. l'archevêque de Paris. Nous y lisons, en effet, ce qui suit :

« Or, qui empêcherait M. l'archevêque de Paris, s'il veut sauver son peuple *et se sauver lui-même*, de charger dix architectes de la capitale de s'entendre pour lui fournir, avant six mois, cent cinquante chapelles dans l'enceinte des paroisses de Paris, et capables de contenir, l'un dans l'autre, douze à quinze cents fidèles? »

Et plus loin, voici comment l'auteur regrette les corporations religieuses qu'il appelle *régulières.*

A la page 62 : « L'absence des corporations régulières, uniquement occupées à la méditation des divines Ecritures, à la prédication de la divine parole, aux confessions des fidèles, est une des grandes calamités morales de Paris. Les dominicains, les franciscains, les jésuites, les rédemptoristes, les philippins, les bénédictins et les chartreux ne seront jamais remplacés par le clergé purement séculier. Or, nulle puissance ne peut empêcher un archevêque de Paris d'appeler dans son diocèce ces milices saintes, ces communautés savantes, *indispensables* à la défense, à la dilatation, à l'affermissement et à la gloire du catholicisme. La charte à la main, un archevêque de Paris peut ouvrir des chapelles aux enfants de saint Benoît, de saint Dominique, de saint François-d'Assises et de saint Ignace, de saint Philippe-de-Méry et de saint Liguory.

« Il appartient à un archevêque de Paris de faire comprendre au pouvoir que des communautés régulières sont les véritables forteresses des nations régénérées par la grâce.

« Le monopole universitaire menace l'Eglise de France d'une ruine qui me paraît inévitable, si l'épiscopat n'appelle à son aide les corps religieux, *portion intégrante* du catholisme, et s'il n'use contre le monopole de toute la puissance du glaive spirituel. »

Enfin, à la page 64 : « L'épiscopat est moins une dignité qu'une charge ; la mître d'un évêque n'est pas un diadème, mais une couronne d'épines ; sa crosse n'est pas un sceptre, mais la houlette d'un pasteur ; sa mission n'est pas de garder le silence, mais d'emboucher la trompette évangélique quand l'ennemi menace la citadelle sacrée et mine les fondements de l'édifice. »

Messieurs, vous connaissez maintenant le fond du système de l'auteur de l'écrit. Nous le répétons, ce n'est point là ce dont nous vous demandons justice.

Ces opinions, ces vœux, ces prétentions, ces reproches, ce système, en un mot, ne peuvent, sous aucun rapport, être justiciables des tribunaux institués par la loi.

C'est à un autre tribunal, c'est à la raison publique, qu'il appartient de les apprécier, et nous ne craindrions pas, pour en faire justice, d'en appeler au clergé lui-même, à ce corps vénérable et sage, qu'heureusement ne sauraient compromettre les écarts déplorables de quelques esprits pleins d'intolérance et de fougue.

Non, il n'est point vrai que le dépôt de la morale, de la science et de la vérité soit uniquement dans la main du prêtre, et les plus savants, les plus pieux, les plus éminents de ces évêques auxquels s'adresse le Mémoire désavouerait cette prétention, exagérée jusqu'au ridicule.

Non, il n'est point vrai que le clergé ne suffise point à sa tâche, que les besoins religieux des populations soient laissés en souffrance ou par le gouvernement ou par le prélat du premier siége archiépiscopal de France.

Laissez, laissez à ce clergé séculier, qui n'a point d'autre patrie, d'autres intérêts, d'autres institutions que les nôtres, qui, vivant au milieu de nous, voit d'un œil paternel nos mérites et nos fautes, nos joies, nos douleurs et nos misères; laissez-lui le soin de nous éclairer, de nous soutenir, de nous rendre meilleurs; n'appelez personne à son aide, il n'en a pas besoin, et soyez assuré que, partout où se présentera un bon prêtre pour y exercer son pieux ministère, il n'aura pas besoin de se parer d'un autre nom, d'invoquer un autre titre pour inspirer la confiance et commander le respect.

Laissez surtout l'enseignement public sous la direction suprême de l'État, et pour le lui disputer, ne recourez point à la diffamation et à l'outrage.

C'est ce que malheureusement a fait l'écrit que nous poursuivons, et le moment est venu de vous lire les passages plus spécialement incriminés.

Dès les premiers mots, l'esprit qui anime l'écrivain se révèle tout entier. Ainsi, page 5 de la brochure, nous trouvons ces lignes :

« Soldat obscur de l'église militante, je viens parler à mes pères dans le sacerdoce, des douleurs qui oppressent mon âme à la vue de cette guerre si savante dans son organisation, si profonde dans ses calculs, si riche dans ses apostasies, si fatale dans ses conséquences, que les proconsuls universitaires font au catholicisme et à la société. »

Plus loin, pages 7 et 8 : « Le monopole universitaire, en plongeant la jeunesse dans une indifférence impie, dévore l'avenir de la France. Il tarit dans leur source même les plus magnifiques espérances de l'Église universelle, dont la France est le plus ferme soutien; il tue ce prosélytisme sacré que nous avaient légué nos pères ; il change l'apostolat catholique de la France en une mission de scandale et de propagande révolutionnaire pour l'Europe et pour le monde entier. Et si la colère divine lui permet de consommer son œuvre ; si l'épiscopat, justement alarmé des conséquences d'une persécution qui n'a de type que dans le massacre des innocents par le cruel Hérode, ne prend le glaive de la puissance spirituelle pour couper dans sa racine l'arbre du mal, planté au cœur même de la nation, un demi-siècle ne s'écoulera pas sans que la France ne soit devenue le scandale des peuples, le fléau du monde, et sans qu'elle ne tombe au-dessous de la barbarie. Pontifes du Dieu vivant, le sanglier universitaire ravage le champ que le divin fils de Marie arrosa de son sang, et qui fut commis à votre garde. Le monopole viole vos devoirs les plus sacrés ; il insulte à l'autorité paternelle, base de toute sociabilité humaine. La foi de 33 millions d'hommes est attaquée dans la génération qui doit en perpétuer les traditions pratiques. »

Page 9 : « Mais quand l'apostasie a ses apôtres et son culte ; quand la foi meurt dans l'âme de la génération qui devrait en conserver l'héritage ; quand l'Église du Christ et le Christ lui même sont battus de verges, honnis, crucifiés de nouveau parmi nous ; quand une poignée de rhéteurs sceptiques payés par l'État a juré d'anéantir en France le règne de Dieu et de sa loi, le silence ne serait plus chez un prêtre que la honteuse apostasie de la peur. »

Messieurs, dès à présent vous pouvez juger si l'Université a eu tort de se plaindre et de demander au ministère public de prendre sa défense, quand on lui impute

« d'avoir déclaré la guerre à la religion catholique et à la société ; d'attaquer la foi de 33 millions d'hommes ; de plonger la jeunesse dans une indifférence impie ; de remplir une mission de scandale et de propagande révolutionnaire ; d'exercer contre toutes les saintes croyances une persécution qui n'a de type que dans le massacre des innocents par Hérode ; » et quand on appelle ses chefs « des proconsuls universitaires, ou bien une poignée de rhéteurs sceptiques payés par l'État. »

Nous mettrions en doute votre intelligence si nous cherchions à démontrer que là se rencontrent l'injure, la diffamation, l'excitation à la haine et au mépris contre une classe de la société.

Entrons à présent dans le corps de l'écrit. On vient de s'attaquer à l'Université ; on va maintenant, pour la mieux calomnier, dénoncer *comme des scélérats* tous ceux qui ont reçu son enseignement.

Page 20 : « En laissant aux pères de famille et aux évêques la liberté que Dieu et la nation réclament, que craignez-vous, hommes du monopole ? Avez-vous peur qu'une génération, imbue des doctrines catholiques, compromette la sûreté de l'État, ou conspire contre vos dignités et votre or ? Mais les jeunes Français qui furent élevés a Juilly, à Pont-le-Voy, à Vaugirard, à Saint-Nicolas et à Boulogne-sur-Mer, ceux qui allèrent chercher le bienfait d'une éducation catholique en Belgique, en Suisse, à Chambéry, à Rome et chez les Pères Jésuites, donnent au monde le spectacle de la foi la plus vive et des vertus les plus pures. Ce ne sont pas eux que vos espions rencontrent dans les repaires de la débauche et dans les antres de la révolte : les ennemis de l'État sont les enfants du désordre que le monopole élève dans la haine du Christ et dans le mépris de ceux qui gouvernent. Ce sont les victimes du monopole que l'apôtre saint Jude a voulu caractériser par ces mots énergiques : Ils souillent leur chair, ils méprisent l'autorité, ils blasphèment la majesté. »

Pages 25 et 26 : « Les hommes du monopole nous avaient battus sous la restauration avec des verges ; ils nous ont flagellés depuis treize ans avec des scorpions. Dans leur coupable ignorance, ils n'ont pas vu, ils n'ont pas voulu voir que tout gouvernement est impossible avec une génération nourrie d'impiété, ardente de révoltes et incapable de tout frein, quand on lui apprend par l'exemple, par les leçons qu'on lui donne et par les livres qu'on lui jette, que le catholicisme n'est *qu'une forme passagère*, les prêtres *que des charlatans*, et Dieu *une opinion.* »

Pages 28 et 29 : « Ainsi une poignée de sceptiques et de rhéteurs s'est emparée de toutes les destinées de la jeunesse. Calomniateurs des évêques de France, qu'ils accusent de propager dans leurs séminaires des doctrines infâmes, les voilà devenus les arbitres souverains de l'éducation. Non, jamais, depuis l'origine des temps, une plus pesante tyrannie n'avait opprimé les âmes. Et, chose incroyable, cette unité terrible, cette formidable organisation se compose d'éléments si divers, de doctrines si contradictoires, d'individualités si disparates, qu'on ne peut rien lui comparer dans les criminels essais de l'homme pour détruire l'empire de Dieu. Le bien et le mal, la vérité et le mensonge, la foi et le doute, le vice et la vertu, le oui et le non, la lumière et les ténèbres, la vie et la mort *se sont donné rendez-vous dans l'enfer du monopole.* »

Au milieu de ces emportements, une réflexion se présente à l'esprit de l'auteur : dans cet enfer du monopole, il se trouve un aumônier, car il y a un aumônier; vous allez voir ce qu'il en dit page 33 :

« L'aumônier d'un collége du monopole est une anomalie, un non sens, une pierre de scandale; parce que, d'un côté, ses efforts sont nuls devant l'impiété de la plupart des maîtres, devant l'impuissance de la discipline, les mépris des élèves et l'indifférence religieuse du conseil royal; et parce que, d'un autre côté, ce prophète de douleurs ne peut jeter qu'une parole de mort sur le cadavre du monopole. L'Université, qui fait insulter dans ses chaires et dans ses livres, dans ses journaux et dans ses pamphlets, notre Dieu et notre Église, nos pontifes et nos prêtres, nos corps religieux et l'enseignement de nos séminaires, place un aumônier dans chacun de ses colléges et elle lui dit : « Tiens-toi là pour servir mes intérêts de fiscalité; tiens-toi là pour tromper des familles « qui croient encore à ta mission, et pour recouvrir d'une « couche religieusement hypocrite la croûte d'impiété « dont j'enveloppe les âmes. »

« L'aumônier d'un collége est le témoin, l'impuissant témoin de l'esprit d'insubordination, de libertinage et de blasphème. Et je ne connais pas de torture morale pareille à celle d'un bon prêtre quand, trompé par sa foi et son zèle, il consent à recevoir des mains du monopole la solde qu'il lui jette, pour acheter, par son inutile et dangereuse présence, le droit de tromper les familles, d'ébranler la société et de chasser Dieu du cœur de la jeunesse.

« A quoi se borne, au reste, la mission de l'aumônier dans la plupart des colléges universitaires? Il célèbre le saint sacrifice sur un autel méprisé; il enseigne les éléments de la foi à des enfants corrompus par le scandale jusqu'à la moelle des os; on lui accorde à peine une heure par semaine pour parler religion à des raisonneurs de quinze ans qui ne croient déjà plus à Dieu et aux prêtres. Voilà la part de l'aumônier dans l'éducation!

« L'Université, vaste réceptacle de toutes les hérésies et de toutes les erreurs, de tous les sophismes et de tous les mensonges, n'a point, ne peut avoir de doctrines. Elle ne vend que des doutes et des blasphèmes à ces innombrables enfants qui viennent lui demander le lait de la vérité et le pain de l'intelligence. »

Voyons à présent comment est décrit l'enseignement de l'histoire et de la littérature dans les établissements universitaires.

Page 53 : « L'histoire est enseignée dans les colléges du monopole par des professeurs formés à l'Ecole Normale, véritable séminaire de scepticisme et d'indifférence; et le monde entier sait que les théories philosophiques et historiques qu'on y propage recèlent le panthéisme, le fatalisme et le naturalisme. Or, le moyen le plus prompt et le plus infaillible de dessécher tout germe de christianisme dans l'âme de la jeunesse, c'est de lui apprendre, par des théories historiques, que le catholicisme n'a rien compris aux lois fondamentales du monde moral, ni aux principes générateurs des faits de l'humanité. Pour moi, je ne crois pas que l'enfer ait jamais eu dans sa main une arme plus meurtrière, pour saper les dogmes révélés, et précipiter une nation dans l'abîme d'une irrémédiable impiété.

« Et d'où est venue la littérature immonde de l'époque actuelle? où ont-elles puisé les éléments générateurs de la poésie et de l'éloquence, ces intelligences prostituées qui vont chercher au fond des enfers la glorification du bagne, de l'inceste, de l'adultère et de la révolte?

« Ce sont les enfants de l'Université qui corrompent la terre du souffle empoisonné de leurs productions littéraires, et jamais la parole du grand apôtre ne s'est accomplie plus littéralement : « Ils ont commis l'adultère avec le verbe. »

Enfin vient l'enseignement moral ; c'est ici que l'auteur appelle à son aide toutes les ressources de son indignation pour peindre la dépravation des enfants confiés aux colléges universitaires.

Page 39 : « L'homme est né mauvais ; il est égoïste, cupide, voluptueux, et l'Université double toutes ses puissances pour le mal. Incombant à la fois sur toutes les facultés humaines, elle en irrite la dépravation native, elle en exalte toute l'énergie corruptrice.

« Mais la dépravation de l'esprit engendre nécessairement la dépravation de l'âme. Quand l'enfant et le jeune homme, en effet, ne croient plus à Dieu, au ciel, au Christ, à l'éternité des peines et des récompenses ; quand le dogme de la prière est tombé pour eux dans l'oubli et le dédain, quand la confession et l'eucharistie ne leur inspirent plus que de sacriléges railleries, que deviennent alors les principes éternels de la morale? Livrés aux seuls instincts de la bête, ils ne vivent plus que par le côté matériel de l'existence. Ces appétits, des habitudes vicieuses, des pratiques contre nature, des mœurs abominables, deviennent alors le caractère dominant de la génération élevée dans les colléges.

« Une mère aura épuisé toutes les ressourses de sa tendresse et toutes les inventions de son zèle pour inspirer à son fils l'horreur du vice et l'attrait de la vertu; mais forcée de se séparer d'un enfant qu'elle aime plus que sa vie, elle confie le soin de son éducation publique aux hommes du monopole. Cet enfant, simple comme la colombe et timide comme l'agneau, tombe au milieu des loups ravissants d'un collége universitaire. Quelques semaines se sont à peine écoulées, et il a déjà appris par le scandale l'affreuse science du mal, avant même que son âge lui permette d'en pratiquer les barbares leçons. Sa mère cependant compte les heures de l'absence; les années qui doivent s'écouler avant le retour de son fils lui semblent des siècles. Le moment désiré arrive enfin, mais hélas! ses bras maternels ne pressent plus qu'une sorte de fantôme métamorphosé par le vice. « Une bête féroce a dévoré l'âme de son enfant. »

« Pleure, malheureuse Rachel, pleure sur ce jeune chrétien qui n'est plus!

« Je le demande aux mères à qui le monopole infligea le supplice d'une éducation corruptrice, qu'est devenue la foi qu'elles avaient gravée dans l'âme de leur fils?

« Le monopole (je le dis avec une inconsolable douleur) a fait couler plus de larmes que Napoléon n'en fit répandre à ces mères désespérées qui demandèrent compte à son insatiable ambition des torrents de sang dont il arrosa ses champs de bataille.

« L'Université, depuis près de quarante ans, a fait l'éducation de 2 millions d'hommes, et il n'est presque point de mère qui n'ait à venger contre elle la dépravation intellectuelle, morale et même physique de quelqu'un de ses enfants.

« Comment s'étonner ensuite, si la plupart des colléges universitaires sont des écoles d'irréligion et de libertinage?

« On épouvanterait la terre si on racontait les scènes d'impiété, de sacrilége et de scandale devenues si fréquentes dans l'histoire des colléges du monopole. Ah! qu'ils auront une pesante mémoire à porter, ces hommes qui moissonnent un salaire homicide sur l'âme et sur la foi des jeunes générations!

« Les livres les plus infâmes, les feuilletons les plus obscènes sont devenus les catéchismes de morale des enfants de leurs colléges; et on fera un crime aux pères de famille et aux prêtres de la colère si juste et si sainte que leur inspire une organisation qui dépasse, dans sa guerre contre Dieu et contre son Christ, toutes les persécutions et toutes les haines! »

Ici, nous sommes forcé de le dire, il y a plus qu'un délit de presse, il y a l'action la plus mauvaise et la plus condamnable.

Ce n'est pas seulement l'Université qui est mise en cause, c'est toute la génération présente, ce sont tous les hommes qui, depuis quarante ans, sont sortis des colléges; ce sont les chefs de nos armées, toute notre magistrature, tous nos administrateurs ; que dis-je, nos princes tous les premiers, car eux, pas plus que nous, n'ont été élevés par un prêtre.

Ces magistrats qui vont nous juger, le barreau assis sur ces bancs, le défenseur même qui assiste le prévenu, ces pères de famille, ces jeunes gens qui nous écoutent, voilà tous ceux que l'on accuse de dépravation intellectuelle et morale.

Ah! dirai-je à l'auteur, si vous croyez ces choses, si les ardeurs d'une imagination pour laquelle le jugement n'est plus un frein suffisant vous ont fait voir, en effet, ce spectacle douloureux et repoussant, je vous plains de vivre au milieu d'une société que vous croyez si malade et si corrompue; et, toutefois, avant de céder à vos inspirations, avez-vous fait tout ce qu'il fallait pour vous assurer qu'elles n'étaient point trompeuses? Avez-vous consulté vos supérieurs, visité les colléges, interrogé les programmes? Prenez-y garde : car ici l'erreur est une faute, l'imprudence est un délit, et personne ne peut être excusable de porter l'inquiétude et le désespoir au sein des familles, pour céder aux entraînements d'un zèle intempérant et d'une conviction irréfléchie.

Que si vous ne croyez pas ce que vous avez écrit, il ne peut pas y avoir assez de blâme contre de telles accusations et contre les moyens employés pour les accréditer.

C'est aux mères de famille que vous adressez vos plaintes et vos avertissements : et savez-vous bien ce que vous auriez pu exciter d'angoisses et de douleurs dans leurs âmes; quels troubles, quelles divisons vous auriez pu exciter autour du foyer domestique, si nous y avions laissé pénétrer votre livre? Dire à toutes les mères que leurs enfants sont pervertis et corrompus, et cela pour faire plus d'effet, pour se procurer l'occasion d'un mouvement oratoire, c'est abuser de tout ce qu'il y a de saint et de respectable, et sacrifier toutes les considérations honnêtes au désir d'atteindre et de détruire un ennemi.

La péroraison du livre, Messieurs, va couronner l'œuvre : tout ce que notre société a de rebut, de misère, de honte et de crime est dû à l'Université.

A la page 44, voici ce que nous lisons :

« A qui Dieu demandera-t-il compte de cette maladie désespérée du suicide, contre laquelle ne peuvent rien les leçons de l'expérience, l'effroi de ceux qui gouvernent et la consternation des familles?

« N'a-t-on pas vu un Caton de quinze ans s'étrangler au nœud de sa cravate, dans les cachots d'un collége de Paris, et mourir suspendu aux barreaux d'une fenêtre, après avoir crayonné sur la muraille ce testament impie : « Je lègue mon âme aux mânes de Voltaire et de Jean-Jacques Rousseau? »

« Demandez aux cartons de la Préfecture de police si une foule d'étudiants n'ont pas achevé une vie de débauche à l'aide du pistolet, de l'asphyxie et des filets de Saint-Cloud! Le monopole arrache de la conscience la crainte de Dieu et de ses jugements; il renverse par leurs fondements mêmes les principes sacrés de la vérité et de la morale : et on s'étonnera que la vie soit amère! qu'elle devienne intolérable, et qu'il y ait un jour de malheur et de désespoir pour s'en débarrasser! »

Quel est maintenant le remède à tous ces maux? L'auteur vous l'a déjà indiqué dans la portion de son livre qui constitue son système, à proprement parler, et que nous avons fait connaître. Mais il va l'indiquer d'une manière toujours diffamatoire et calomnieuse pour l'Université dans les pages que nous allons vous soumettre.

P. 48. « Voulez-vous que le monopole meure? donnez au monde un exemple qui sauvera la famille, la société, la religion et l'Etat même.

« Refusez sa pâture au Saturne de l'enseignement; cessez de le nourrir de la substance la plus pure de l'âme de vos enfants et de l'abreuver avec les larmes de leurs mères. Rappelez-vos enfants près de vous; jurez devant Dieu et devant le pays de ne les plus remettre à des maîtres incrédules, et par conséquent indignes. Et s'il vous faut traverser quelques mois avant que le Parlement vous permette d'associer à vos sollicitudes des maîtres dignes de votre confiance, consolez-vous, car vous aurez donné à la terre une de ces leçons qui rejouissent le ciel et qui sauvent les peuples.

« Quand vous aurez fait le vide dans ce gouffre où allaient s'engloutir et se perdre les jeunes générations, on entendra les craquements de cette grande machine inventée par l'enfer, pour anéantir la religion du Christ et ramener la barbarie au sein de la civilisation. Le grand-maître, les membres du conseil royal, et toute la milice enseignante sécheront de terreur. Comme au jour du passage de la Mer Rouge, les Pharaons du monopole disparaîtront sous les flots de l'indignation publique, et le char universitaire, qui traînait vos enfants dans l'abîme, se brisera aux applaudissements des anges et des hommes.

« Tertullien disait aux empereurs idolâtres : « Si nous quittions l'empire, vous seriez épouvantés de votre solitude. » Que feront-ils, ces corrupteurs de l'enfance, quand leurs colléges seront devenus une solitude et un tombeau? que moissonneront-ils sur une terre que le souffle paternel aura stérilisé pour jamais? « Elle est tombée, s'écrieront les anges de Dieu : elle est tombée, la superbe Babylone qui corrompait la terre.

« L'herbe des champs croît dans ses palais, théâtre de l'impiété et de la luxure : le bouc impur danse, et le hibou est venu chercher une retraite dans les palais où l'on préconisait les passions.

« Et voulez-vous que la conscience vienne au secours de la nature, si le conseil que mon zèle vous donne semblait impraticable, ou au-dessus de vos forces?

« Laissez-moi vous demander si la conscience et si Dieu peuvent permettre à un père de famille de placer ses enfants dans des maisons suspectes d'irréligion et de mauvaises mœurs? L'enseignement universitaire n'est-il pas entaché de doctrines coupables? Sa philosophie nie Dieu, car en altérer la notion, c'est en anéantir l'essence. Ses leçons d'histoire sont la négation des faits révélés. Sa littérature a créé une race d'ecrivains dont les productions scandalisent la morale des bagnes. Sa science aboutit au matérialisme ; le régime de ses colléges, à de rares exceptions près, ne peut enfanter que des incrédules et des libertins. Ou la conscience n'est qu'un mot, la morale qu'une chimère et Dieu qu'une opinion, ou Dieu, la morale et la conscience défendent, sous peine de péché mortel, à un père honnête et chrétien, de se faire le complice d'une éducation qui doit pervertir l'âme de ses enfants. »

Voilà les conseils donnés aux pères de famille.

Voici maintenant, et pour terminer, l'invocation adressée aux évêques :

Aux pages 65, 66 et 67, nous lisons :

« Pontifes de Jésus-Christ, ne laissez plus dormir dans son fourreau le glaive des saints combats. Apprenez au monde que la puissance de l'enfer a des bornes que le monopole ignore et que vous connaissez. L'Université a juré d'anéantir parmi nous le règne de Dieu et la loi du Christ. Sa haine hypocrite nous demande des prêtres pour patronner sa tyrannie et consacrer notre honte. Eh bien! rendez-lui la foi à votre puissance, apprenez-lui qu'elle ne vous mettra pas de moitié dans le partage des dépouilles opimes dont elle veut s'enrichir.

« Si le parlement vous refusait la liberté et le droit de sauver l'âme de vos enfants spirituels ; si des pères de famille, devenus les législateurs d'une nation catholique, étaient assez faibles et assez malheureux pour se faire les complices de la ruine intellectuelle, morale et même physique de leurs propres enfants, en perpétuant par une loi empreinte d'une haine voltairienne pour les corporations religieuses et pour le sacerdoce, la tyrannie déguisée du monopole, donnez à la France et au monde une leçon devenue nécessaire pour leur apprendre que le néant de l'homme ne peut rien contre la force de Dieu.

« Frappez du glaive excommunicateur les chapelles des colléges universitaires. Que le sacrifice du Christ ne s'offre plus sur des autels profanés ; que la voix du prêtre se taise pour jamais sous ces voûtes témoins de tant d'impiétés et de tant de blasphèmes. Séparez la lumière des ténèbres et Jésus-Christ de Bélial. Laissez tomber du trône de la vérité et de la justice où vous êtes assis, un interdit solennel sur des colléges où l'on apprend à vos enfants à se passer de Dieu, et à mépriser le sang et la grâce de Jésus-Christ. Défendez aux pasteurs des paroisses d'admettre à la première communion et à la pâque des chrétiens les enfants catholiques que le monopole s'efforcerait de retenir dans son sein, quand vous l'aurez marqué du signe de vos immortelles malédictions.

« L'Université n'aime pas les prêtres. Ne lui en donnez plus... Eteignez la lampe du sanctuaire suspendue depuis trop longtemps près de ce cadavre... Aura-t-elle droit de se plaindre? N'a-t-elle pas accablé d'assez de mépris ceux de vos fils qui ont eu l'héroïque patience de panser jusqu'à ce jour ses plaies désespérées? Espère-t-elle vous condamner à servir ses intérêts égoïstes? Doit-elle compter sur vous, pour prolonger la guerre qu'elle fait au Christ? Lui sera-t-il permis de croire que l'épiscopat lui viendra en aide, et affermira son existence, pour éteindre la foi au cœur de la jeunesse?

« Les plus éloquents organes de l'Université nous ont dit qu'elle hait les prêtres et les corporations religieuses vouées à l'éducation. L'univers entier sait qu'elle les méprise. Eh bien! soit! Mais l'Université n'aura plus de prêtres... Elle n'en aura plus un seul...

« Ah! qu'il sera grand dans la mémoire et la reconnaissance des nations catholiques, le jour où les vibrations de votre glaive auront tué le monopole et purgé la France de ce fléau moral! Et que deviendra le monopole, quand vous aurez tracé autour de lui un cercle de colère et de justice? Que fera-t-il, quand vous l'aurez emprisonné dans son athéisme? »

Nous en avons fini, Messieurs, de cette lecture qui serre le cœur et révolte l'esprit, qui fait qu'on se demande comment, dans ces quelques pages, on a pu réunir tant d'amertume et tant d'outrages, tant de haine et tant de fureur.

Avons-nous besoin de rapprocher de ces passages les délits caractérisés par l'arrêt de renvoi et de prouver que ces délits existent?

Avons-nous besoin de vous dire, pour l'honneur de notre société, pour le repos des familles, qu'il n'y a dans ces tableaux hideux qu'une vaine fantasmagorie?

Non, vous le savez comme nous; vous êtes pères de famille, et ce n'est pas sans de mûres réflexions, sans des vérifications assidues, que vous avez placé vos enfants dans ces mêmes colléges d'où vous êtes sortis.

Mais c'est un devoir pour nous cependant de dire quel est cet enseignement, ce régime universitaire que l'on dénonce au pays. Nous le devons, pour protéger des établissements, pour défendre des fonctionnaires qui n'ont point démérité de la confiance publique.

Et d'abord, quel homme sensé pourrait croire que la même époque qui voyait la société se rétablir sur ses bases, notre législation s'épurer, la religion refleurir, aurait vu en même temps se former au milieu de nous une institution ennemie de toute croyance, de toute morale et de toute sociabilité?

Et comment cette erreur aurait-elle subsisté quarante

ans dans un pays où la publicité divulgue tous les faits, ne tolère aucun abus, et où (ce qui se passe aujourd'hui ne le prouve que trop) la calomnie est bien plus à craindre que le silence.

Comment, pendant quinze ans de restauration d'un régime qu'on n'a pas accusé, ce nous semble, de mauvais vouloir pour l'Eglise et d'hostilité contre le clergé catholique, comment ces établissements de scandale et d'immoralité auraient-ils été maintenus, fortifiés? et comment se fait-il que l'acte principal de la restauration sur l'enseignement public, l'ordonnance du 16 juin 1828, ait consacré en quelque sorte de nouveau toutes les règles du régime universitaire, en prescrivant que « nul ne pourra être ou demeurer chargé, soit de la direction, soit de l'enseignement, dans une des maisons dépendantes de l'Université, ou dans une des écoles secondaires ecclésiastiques, s'il n'a affirmé par écrit qu'il n'appartient à aucune congrégation religieuse non légalement établie en France? »

Par quel étrange phénomène ces écoles universitaires auraient-elles vu constamment, et depuis treize ans surtout, s'augmenter le nombre de leurs élèves et s'étendre leur réputation et la confiance qu'elles inspirent?

Car enfin, voici des résultats connus, publiés, et que personne ne saurait contredire :

En 1809, le nombre des élèves admis dans les colléges était de 9,068; en 1813, de 14,493; en 1818, il descendit à 10,640, tant par suite des malheurs que par les effets d'une hostilité politique qui se déclarait dès-lors contre l'Université et qui fut bientôt vaincue. En 1823, ce nombre se releva à 13,327; en 1829, à 15,087; en 1840, à 17,953; en 1842, il était de 18,697; il dépasse 20,000 aujourd'hui.

Du reste, les programmes de l'enseignement universitaire sont connus; voici comment : il y a un an, M. le ministre de l'instruction publique, dans son rapport au roi, les exposait, en ce qui concerne l'enseignement de la religion, de la morale et de la philosophie :

Page 5. « Sans doute, Sire, au-dessus de tous les faits qui vont être successivement exposés, il est un premier principe qui doit pénétrer l'enseignement tout entier, et qui en est la force et la vie : c'est le principe moral, tel qu'il se produit dans l'attachement à la religion, le respect des devoirs qu'elle impose, l'habitude des sentiments d'honneur et d'amour du pays, l'esprit de discipline, d'émulation et de travail. L'Université sent profondément cette vérité; et c'est pour cela qu'elle ne craint pas la lumière, et qu'elle souhaite que toutes les parties de la vaste mission qui lui est confiée soient mises au grand jour.

« L'influence, partout présente dans les écoles de l'Etat, de ce principe moral que nous plaçons avant tout, sera constatée par l'ensemble des faits que nous avons à retracer, en même temps que l'accroissement continu du pensionnat de ces écoles attestera quel est, à leur égard, le progrès de la confiance publique. »

Page 17. « L'enseignement religieux, confié à l'aumônier, se partage graduellement en trois divisions d'élèves, selon les âges et le degré des connaissances acquises. Les plus jeunes élèves, et ceux qui n'ont pas fait leur première communion, assistent à deux conférences par semaine pour l'explication du cathéchisme diocésain. Dans une seconde division, formée de deux classes d'élèves plus avancés, il y a, chaque semaine, une conférence sur les principes de la religion, sur la vérité et sur l'authenticité des livres saints. Une troisième division, composée des élèves de troisième, seconde, rhétorique, philosophie et mathématiques, reçoit chaque semaine une instruction sur le christianisme considéré dans ses dogmes, dans sa morale, dans son culte et dans ses monuments écrits. Cette instruction, recueillie par les élèves, est l'objet de rédactions fréquentes qui, dans plusieurs colléges, sont encouragées par des prix.

« Ces divers enseignements sont indépendants des instructions qui font partie des exercices religieux, et que l'aumônier donne le dimanche et les jours de fête à tous les élèves réunis.

« Dans les établissements qui renferment des élèves appartenant à des communions chrétiennes autres que la religion catholique, des dispositions analogues sont prises pour que ces enfants soient élevés dans le culte et selon le vœu de leurs parents.

« Tout d'ailleurs est moral dans l'enseignement, et par l'objet même des principales études, et par le choix sévère des textes autorisés, et par le soin des maîtres à profiter de toutes les occasions qui se présentent *pour rappeler aux élèves ce qu'ils doivent à Dieu, à leurs parents, au Roi et à leur pays.* »

Page 19. « Le conseil royal de l'instruction publique, voulant développer et rendre sensible la pensée qu'il ava toujours appliquée, a désigné comme la véritable règle des études philosophiques, un choix de monuments consacrés par les plus beaux souvenirs de la science et de la religion. Ce sont, pour l'antiquité grecque et latine, quelques ouvrags de Platon, d'Aristote et de Cicéron, leur imitateur. Parmi les modernes, le choix était plus varié; et le conseil a cru devoir recommander, à partir de Bacon jusqu'à Reid, les principaux ouvrages qui ont marqué l'effort, le progrès et les retours divers de l'esprit humain dans l'étude de la philosophie. Avec Descartes, dont la part de création est si grande et si glorieuse pour la France, se trouvent inscrits les noms de Malbranche, d'Arnaud, de Bossuet et de Fénélon. Le conseil n'a pas négligé la mention d'ouvrages moins éminents, mais qui portent la même empreinte de philosophie religieuse et morale, tels que le traité de Clarke *de l'Existence et des attributs de Dieu*, et le traité des *Vérités premières* par Buffier. Le livre de Locke, origine et résumé de toute une époque, devait trouver sa place sur cette liste; il y est à côté de la plus sérieuse rectification qu'il puisse recevoir, les *Nouveaux essais de Leibnitz sur l'entendement humain*, et à côté des *Lettres d'Euler*. Sous ces autorités imposantes, l'enseignement est assuré de rester toujours irréprochable, sans être moins libre et moins étendu. »

Voilà le programme de l'enseignement, voilà ce qui se fait dans les colléges de l'Université. Les aumôniers y sont, ils y restent; chacun d'eux y reçoit un traitement de 3,000 fr.

Dans beaucoup de colléges, des ecclésiastiques sont professeurs. Il en a jusqu'à 1,000 au moment où je parle.

Quelle est donc la cause et la justification de ce déchaînement fanatique contre le régime des colléges?

Où sont les preuves à l'appui de tant de graves accusations?

Les propositions mal sonnantes, émises, dit-on, par quelques professeurs du haut enseignement, non dans leurs leçons, mais dans leurs ouvrages; les fautes, les méfaits de quelques élèves sortis de l'Université : ce sont là des raisons et des preuves contre l'Université, contre son régime et ses doctrines?

Chaque corps, chaque compagnie, chaque famille même n'a-t-elle pas ses plaies et ses douleurs?

Quel corps consentirait, nous vous le demandons, à être jugé sur les erreurs que peuvent commettre quelques-uns de ses membres?

Vous parlez des archives de la préfecture de police, des greffes de nos tribunaux; vous rendez l'Université et son enseignement responsables des crimes de quelques hommes sortis de ses colléges!...

Croyez-moi, ne provoquez point ces investigations, on y trouverait beaucoup d'autres choses, beaucoup trop, sur lesquellles il faut jeter un voile.

C'est une logique funeste et condamnable, à l'usage des passions, de la haine et de l'esprit de parti, que de jeter à tout un corps la responsabilité des fautes ou des crimes de quelques-uns des siens.

Nous l'avons vu parfois se produire contre la religion, contre le clergé; nous l'avons toujours poursuivi, toujours fait condamner par des jurés, par des magistrats sortis de l'Université.

Dans ce moment même, deux poursuites sont pendantes devant la cour d'assises.

Messieurs, il est temps de terminer ces développements si étendus.

Nous ne lisons point les parties de l'ouvrage qui contiennent le délit d'excitation à la haine et au mépris du Gouvernement du Roi. Vous les lirez dans la chambre de vos délibérations; elles vous seront indiquées par les questions qui vous seront posées; et cela suffira, nous le croyons.

Mais avant de céder la parole au prévenu, nous ne pouvons nous défendre de vous communiquer le sentiment pénible qui s'est emparé de nous aux premiers jours de ce procès, et qui nous suit et nous domine à cette audience.

Oui, nous avons été douloureusement affecté, lorsque, au pied de cet écrit si coupable, nous avons lu le nom d'un prêtre. Oui, nous éprouvons une tristesse profonde, alors que notre devoir nous commande d'accuser un ministre des autels.

Ce sentiment, Messieurs, vous l'éprouvez avec nous; il vous honore; il prouve que le sentiment religieux vit profondément dans vos âmes.

Ah! c'est que, comme nous, vous voudriez voir la religion et ses ministres entourés du respect et de la vénération de tous.

Comme nous, vous voudriez que le prêtre se tînt toujours éloigné de cette arène des passions, de ce champ de la polémique où nul, en s'engageant, ne peut répondre de conserver, au sein d'une lutte acharnée, le respect de la vérité, des autres et de soi-même.

Messieurs, ce sentiment, quelque honorable qu'il soit, comme nous aussi, vous devez le maîtriser. Vous le devez au nom d'une pensée plus grande et plus impérieuse ; au nom de la justice, qui nous commande de réprimer de pareils écarts, de ne point autoriser, par notre faiblesse la diffamation, cette plaie de notre époque qui tend à tout envahir, et qui chaque jour s'envenime davantage.

Quand le prêtre s'est fait pamphlétaire, ce n'est plus pour lui que doit s'éveiller l'intérêt, c'est pour ceux qu'il a poursuivis, désolés, c'est pour la paix publique qu'il a troublée, autant qu'il était en lui de le faire.

Et qu'arriverait-il, en effet, si cette guerre d'injures et de scandale continuait ?

Quelle sécurité resterait-il pour les familles? Quel honneur pour cette classe nombreuse vouée à l'enseignement ?

De vives et affligeantes représailles surviendraient bientôt, et qui sait jusqu'où elles pourraient s'étendre?

Messieurs, il dépend de vous d'arrêter ce mal qui a déjà fait trop de progrès.

Il ne peut s'agir ici ni de rigueurs personnelles, ni de pénalités sévères.

Il s'agit de condamner une production calomnieuse et diffamatoire que le système de nos lois ne permet pas de condamner sans atteindre l'auteur.

Les magistrats et d'autres pouvoirs sauront prendre en considération les situations personnelles, et faire pour elles ce qu'elles peuvent commander.

Pour nous, Messieurs, déclarons ce qui est vrai, ce qui est juste, et nous aurons fait notre devoir et bien mérité du pays.

M. LE PRÉSIDENT. Le défenseur de M. l'abbé Combalot a la parole.

Me HENRY DE RIANCEY s'exprime en ces termes :

Messieurs de la Cour, messieurs les jurés,

En prenant aujourd'hui, pour la première fois de ma vie, la parole dans le redoutable sanctuaire de la justice humaine, permettez que je vous demande pardon d'une émotion et d'un trouble que justifient trop et la grandeur de la mission qui m'est confiée et la conscience intime de ma faiblesse ! Qui suis-je, pour défendre devant vous l'illustre orateur traduit à votre barre ? Et ne devrais-je pas plutôt, renversant les rôles, me mettre à l'abri de sa vertu et de son éloquence, et lui demander de protéger mon inexpérience et de soutenir mon courage ?

Mais une pensée me fortifie et me console. En publiant l'écrit dont la justice croit devoir lui demander compte, M. l'abbé Combalot s'adressait à ses concitoyens, et réclamait le jugement d'un tribunal de pères de famille. Ce tribunal, il le trouve en vous, avec la garantie de votre honneur et du serment que vous avez prêté devant Dieu ! Aussi vient-il à vous avec confiance et simplicité ; aussi a-t-il repoussé toute idée d'un secours étranger. Nous aurions pu appeler sur cette affaire un immense retentissement ; nous aurions pu convoquer des quatre points de la France de nombreux et d'imposants témoignages ! Mais non. Arraché à ses travaux apostoliques, ce vétéran des luttes de l'Evangile n'a voulu d'autre appui que la droiture de ses intentions, et il se présente au Prétoire appuyé, comme Bélisaire, sur le bras d'un enfant !

Donc, MM. les jurés, nous sommes accusés, et quand je dis *nous*, permettez-moi ce langage qui n'est pas étranger aux formes judiciaires et qui semble m'identifier davantage avec cet accusé dont je suis heureux et fier de partager toutes les convictions.

Nous sommes accusés ! Mais de quoi ? Vous l'avez entendu :

1° De provocation à la haine entre diverses classes de la société ;

2° D'avoir cherché à troubler la paix publique, en excitant la haine ou le mépris des citoyens contre une classe de personnes ;

3° D'avoir diffamé et injurié une administration publique ;

4° D'avoir excité à la haine et au mépris du gouvernement du roi.

Certes, c'est l'accusation la plus grave qui puisse peser sur un homme libre, sur un citoyen, sur un prêtre ! Et si nous avions le malheur d'être coupables, vous ne nous verriez pas ici ; nous nous serions fait justice et nous n'aurions pas attendu votre arrêt. Mais non : fort de son innocence devant Dieu, l'accusé veut être innocent devant la Loi et devant vous.

Et d'abord une réflexion me saisit. Ces quatre chefs

d'accusation ne peuvent-ils pas se réduire en un seul? Sous ce grand déploiement de délits, n'y aurait-il pas un seul et même reproche? Cette discorde semée entre les classes de la société, ne serait-ce pas entre les citoyens qui ont des enfants et la classe qui enseigne les enfants des autres? Cette classe qui se croit dénoncée, n'est-ce pas la classe des professeurs qui dispensent l'instruction publique? Cette administration qui se prétend diffamée, n'est-ce pas l'administration de l'instruction publique? Et si le gouvernement du Roi peut se croire intéressé dans cette affaire, n'est-ce pas à propos des actes de M. le ministre de l'instruction publique? En telle sorte que nous retrouvions toujours devant nous cet étrange Protée qui tantôt se cache dans les rangs de la multitude, qui tantôt se spécialise dans une classe distincte, qui se drape sous le titre d'administration publique, et tout à coup échappe aux regards et va s'abriter jusque sous le manteau du gouvernement royal! Ce Protée, il faut aller à lui et lui arracher son voile; c'est notre droit de regarder en face ceux qui nous accusent.

Qui nous accusent! En effet, ce n'est pas la voix publique, ce premier accusateur des grands crimes, qui a appelé sur nos têtes les poursuites de la justice. Bien au contraire, l'opinion nous protége, elle sympathise avec nous, et je n'en voudrais pour preuve que cet auditoire si pressé et si attentif. Ce n'est pas M. le procureur-général lui seul, gardien et protecteur né de l'ordre social. Non, s'il est ému, c'est à la suite d'une lettre de M. le ministre de l'instruction publique. Cette lettre, qui nous a dénoncés, est datée du 6 janvier 1844, le jour même où, dans les bureaux de la chambre des députés, M. Villemain annonçait la présentation prochaine de son projet de loi : l'époque est heureuse pour la liberté, et la lettre du grand-maître était un digne prélude des actes législatifs du ministre!

Ainsi, partout et toujours le même adversaire, l'UNIVERSITÉ! Or, j'ai le droit de la faire comparaître, parce que de sa confrontation avec l'accusé, résultera peut-être la meilleure preuve de notre innocence. Qu'est-ce donc que l'Université, ou plutôt le *Monopole universitaire?*

MM. les jurés, ne craignez pas : et moi aussi j'ai été élevé dans l'Université, et si je ne puis me flatter d'y avoir laissé de durables souvenirs, j'y ai laissé quelques affections et quelques regrets au milieu de beaucoup d'amertumes. Loin de moi d'attaquer les personnes, loin de moi de contester le droit de l'Etat à ouvrir des écoles; je sais ce qui est dû et aux hommes et au gouvernement. Mais, traduit pour un mémoire sur les actes du monopole, M. l'abbé Combalot peut poser cette question : Qu'est-ce que le monopole?

Je vais vous le dire.

Une institution existe dans notre patrie, qui n'a d'analogue et de modèle dans aucun pays civilisé. Elle possède le privilége exclusif d'enseigner toutes les générations nées et à naître. Elle garde la clef de tous les enseignements. Toute science, toute instruction est son domaine, et dans la sphère intellectuelle, rien ne lui échappe.

Elle est maîtresse de l'enseignement supérieur, en ce sens que le savant de nos Académies ne peut ouvrir un cours pour offrir aux ouvriers les applications de la science à leur industrie, ni dévoiler à la jeunesse studieuse ces hautes découvertes qui font l'honneur de la France; qu'Arago à l'Observatoire et Cauchy à l'Institut ne peuvent faire un cours d'astronomie et de mathématiques sans sa permission!

L'enseignement secondaire, la philosophie, la littérature, l'histoire, la grammaire, c'est encore son royaume; pas une école, pas un programme, pas une méthode, pas un livre d'éducation qui ne paraisse sans son bon plaisir, à tel point que le négociant ou l'industriel ne peuvent fonder une école pour les enfants de leur profession, et que depuis quatre années le Conseil Municipal de Paris lutte en vain pour obtenir l'érection d'un collége français, dont il veut faire les dépenses, et qu'il destine à la jeunesse du commerce de la capitale!

L'enseignement primaire, l'enseignement du peuple, ce bien de tous, elle le garde; en telle sorte que l'honnête homme en sa maison de ville ou de campagne, le curé dans son presbytère, l'artisan dans son atelier, ne peuvent apprendre à lire et à écrire aux enfants à qui ils donnent le pain du corps et le pain de l'âme.

Enfin, quand une ingénieuse charité a ouvert des refuges aux pauvres petits enfants au-dessous de sept ans, elle a mis la main sur ces *salles d'asile*, elle y règne et elle s'interpose entre la charité et la plus touchante des misères, la misère de l'enfance!

A la tête de cette institution est placé un Conseil présidé par M. le ministre de l'instruction publique, qui lui doit son titre de *Grand-Maître*; immobile, quand son chef est mobile comme la politique; irresponsable et tout-puissant, décidant en dernier ressort de la fortune et de l'honneur de tous les maîtres; frappant des impôts qu'il prélève sur tous les enfants, sur ceux qu'il instruit comme sur ceux qu'il n'instruit pas; puisant au budget une large dotation, et enfin, imposant des subsides aux communes pour les écoles qu'il leur octroie.

Par une conséquence logique et presque fatale de son monopole, cette institution tend sans cesse à de nouveaux empiétements. Elle menace les écoles spéciales et les écoles administratives, et il a fallu que le bon sens et la sagesse de la chambre des députés se révoltassent l'an dernier contre la domination indirecte qu'elle voulait étendre sur la plus glorieuse de nos écoles, l'*Ecole Polytechnique*.

Avec l'exigence du baccalauréat et des certificats d'étude, elle ferme l'accès de toutes les carrières.

Enfin, elle envahit les droits de cette magistrature que nous sommes habitués à vénérer, en enlevant des citoyens à leurs juges naturels et en établissant une juridiction qui faisait dire à un de nos jurisconsultes les plus éminents : « Un corps ainsi constitué, avec des pouvoirs aussi exorbitants, est un tribunal extraordinaire qui a dû tomber devant la Charte, comme les cours spéciales, les tribunaux de douanes, etc., » une juridiction qui, sous prétexte d'une sorte d'incompétence sur les intérêts moraux, soustrait à ces juges qui décident de la vie des hommes et des plus delicates questions de la famille, la connaissance de ce qui touche à la protection des enfants et à l'honneur des maîtres.

Pour tout dire, en un mot, cette institution est inconstitutionnelle; son organisation qui, selon la parole de M. Dupin aîné, que nous citions tout à l'heure, « *ne pouvait avoir force de loi sous la Charte de* 1814, » a été condamnée solennellement par la Charte de 1830.

Voilà le monopole universitaire.

Aussi, grâces à Dieu, cette institution n'est pas née de de nos jours. On a voulu retrouver son origine dans les souvenirs de notre ancienne monarchie : c'était aller trop loin. Elle est fille du despotisme conventionnel et du despotisme impérial. Elle a vu le jour à cette époque fastique où la liberté s'était voilée pour ne laisser place qu'à la gloire.

En vain l'Assemblée-Constituante, posant les grands principes sur lesquels devait s'établir la société moderne, avait-elle proclamé à la fois la nécessité d'une instruction publique et le droit imprescriptible de la liberté d'enseignement. En vain disait-elle avec M. de Talleyrand : « *Tout privilége est de sa nature odieux ; un privilége* EN MATIÈRE D'INSTRUCTION *serait plus* ODIEUX *et plus* ABSURDE *encore.* »

En vain les lois et les décrets de la Convention avaient rendu un irrésistible hommage au principe de la liberté qui se burinait jusque dans la Constitution de l'an III. En vain, sous le Directoire et jusque sous le Consulat, la liberté, qui seule avait pu sauver les débris de l'éducation et de la science, était-elle défendue et proclamée. La grande époque révolutionnaire se levait tout entière pour faire cortége à la liberté! — Je me trompe! il s'était rencontré un apôtre de la tyrannie : c'est DANTON. Lui, il voulait l'éducation forcée, il trouvait que la République « *avait assez fait pour les affections* » et que « *les enfants lui appartenaient.* » Cette pensée, Napoléon la recueillit, fit passer la théorie dans les faits, la compléta, et, malgré les lois de la nature, malgré la constitution de l'Empire, par un décret émané de sa volonté de fer, il l'imposa à la France !

Voilà le monopole universitaire ! Voilà son père et voilà ses parrains ! Sa devise, c'est cette maxime impie : « Pères, représentants de l'autorité divine, vos enfants, la chair de votre chair, vos enfants ne vous appartiennent pas ! »

Et maintenant, pères qui m'écoutez, concevez-vous la guerre ? Concevez-vous que M. l'abbé Combalot ait attaqué ce système, qu'il s'en soit révolté, qu'il ait fait appel contre lui à vos plus énergiques sentiments ?

N'avais-je pas raison de vous dire que peindre l'accusateur, c'était presque avoir justifié l'accusé ? Eh bien ! oui, à ce monopole, nous avons fait et nous faisons la guerre !

La guerre, MM. les jurés, on vous en a beaucoup parlé, on en parle encore bien davantage hors de cette enceinte. Et pour tous, pour répondre à l'accusation comme pour éclairer nos concitoyens, il faut dégager le terrain. Je vous ai montré l'un des adversaires. Quel est l'autre ?

On a dit : ce sont les évêques, ce sont les chrétiens. Oui, sans doute, il y a des chrétiens, il y a des évêques, et ils s'en font gloire. On a dit encore : « l'abbé Combalot est l'émissaire d'un parti, une sentinelle perdue et jetée en avant ! » S'il en est ainsi, je réponds : Vous

vous êtes trompé : vous n'avez pas tout vu; comptez bien, voici nos rangs et nous n'y sommes pas seuls.

Avec nous, pour faire cette guerre, il y a tous les hommes de foi et de liberté, à quelque croyance qu'ils appartiennent; et puis il y a ensuite des jurisconsultes, des hommes d'État, des universitaires, des philosophes enfin.

Des hommes de foi : nos évêques! Je ne citerai pas leurs paroles. Leur nom retentit partout, et leur courage est béni de tout ce qui porte un cœur catholique. Après eux les hommes qui se font gloire de les suivre, et à leur tête l'illustre comte de Montalembert; enfin tous les dissidents de bonne foi à la suite du chef le plus éclairé du protestantisme en France, M. le comte de Gasparin.

Des jurisconsultes; et quels jurisconsultes! Dans les rangs les plus élevés de la magistrature et du barreau, depuis M. Dupin aîné, attaquant l'inconstitutionnalité des décrets fondamentaux de l'Université, jusqu'à M. Odillon Barrot, signant avec M. Raynouard et M. Descloseaux des conclusions tendant au même but; jusqu'à M. Janvier, s'écriant devant la Cour d'assises : « *L'Université est sur notre sol un débris sans étai; en tant que monopole, la Charte du 7 août l'a mise en pièces.* »

Les hommes d'Etat, depuis les rangs de l'opposition la plus avancée, depuis M. Ledru-Rollin, s'écriant : « *Y a-t-il une souffrance plus grande pour l'individu que l'*OPPRESSION DE SA CONSCIENCE, *que la* DÉPORTATION *de ses fils dans des écoles qu'il regarde comme des* LIEUX DE PERDITION, *que cette* CONSCRIPTION *de l'enfance traînée violemment dans un camp ennemi et pour servir l'ennemi?* » depuis la voix sublime de M. de Lamartine, s'élevant contre cette indifférence pleine de luttes et d'angoisses qui flétrit nos jeunes générations; jusqu'à M. de Carné dont les éloquentes protestations retentissent encore dans l'enceinte du Palais-Bourbon; jusque sur le banc des ministres, où siége un homme qui a écrit les lignes que je vais lire et qui ne les désavouera pas : « *Donnez au gouvernement le monopole de l'enseignement*, disait M. Duchâtel, *vous attribuerez à une partie de la société le droit de faire triompher ses opinions par la force et d'opprimer les opinions contraires...* TOUTE BONNE LOI SUR L'ENSEIGNEMENT *devrait commencer par ce premier article :* L'ENSEIGNEMENT EST LIBRE; *affranchir l'enseignement, c'est le seul moyen de lui rendre la vie, de le relever de l'abaissement où l'a jeté la servitude.* »

Les universitaires eux-mêmes, dans leurs jours de franchise; M. Saint-Marc-Girardin, au conseil royal; M. Dubois au même conseil, M. Dubois, qui a appelé le monopole *dangereux*, *inconstitutionnel*, qui s'est écrié : « *C'est un pur anachronisme, un retour à la monarchie de Bonaparte!* » qui, au mois d'avril 1830, contestait juridiquement la constitutionnalité du Conseil royal où il siége aujourd'hui! M. Cousin, enfin, qui s'indigne contre un monopole « *qui n'existe pas en Prusse*, » et qui en a été le grand-maître!

En dernier lieu, nous avons avec nous des philosophes et d'illustres publicistes, tels, par exemple, que MM. de La Mennais et Benjamin Constant; placés aux deux pôles de l'opinion publique, tous deux, ils se rencontraient la même année, en 1817, pour attaquer le monopole.

Ecoutez seulement Benjamin Constant, dont le témoignage a tant de poids dans les questions de liberté : Il disait :

« *Parmi les peuples qui n'avaient aucune notion de la liberté personnelle et où les hommes n'étaient que des machines dont la loi réglait les ressorts, l'action de l'autorité pouvait influer sur l'éducation... Mais aujourd'hui la société entière se soulèverait contre la* PRESSION DE L'AUTORITÉ, *et l'indépendance individuelle que les hommes ont reconquise réagirait avec force sur l'éducation des enfants... Les instituteurs* SOUMIS AU GOUVERNEMENT *seront à la fois* NÉGLIGENTS *et* SERVILES. *Leur servilité leur fera pardonner leur négligence.* Soumis à l'opinion seule, ils seraient à la fois actifs et indépendants. *En dirigeant l'éducation, le gouvernement s'arroge le droit et s'impose la tâche de maintenir un corps de doctrines. Ce mot seul indique les moyens dont il est obligé de se servir... Il y aura des opinions investies d'un privilége; mais si ce privilége ne suffit pas, croyez-vous que l'autorité, jalouse de sa nature, ne recourra pas à d'autres moyens? Ne voyez-vous pas, pour dernier résultat, la* PERSÉCUTION PLUS OU MOINS DÉGUISÉE, *mais* COMPAGNE CONSTANTE *de toute action superflue de l'autorité?* »

Voilà ce que disait Benjamin Constant.

La persécution! Messieurs. Benjamin Constant ne semblait-il pas prévoir l'avenir et le jour où nous serions traînés devant vous?

Ainsi, la guerre et les adversaires, les voilà! Vous le

voyez, c'est mieux qu'un parti, c'est une guerre sociale. C'est la lutte de la liberté; liberté de la pensée, de la science, de la croyance, les choses les plus libres de la terre et du ciel, opprimées par le monopole! C'est la lutte de la constitution, de la liberté religieuse pour les pères et pour les enfants, de la liberté d'opinion et d'examen, de la liberté de l'enseignement, écrite dans la Charte, et que le monopole nie, malgré les principes de la société moderne, malgré les promesses du pacte fondamental, ces promesses qui, selon M. le procureur-général Persil, « *sont plus que des promesses, qui sont une* OBLIGATION *imposée au gouvernement,* » et que la France attend depuis quatorze années! C'est la lutte de la famille outragée par la doctrine de Danton, et blessée dans ses intérêts les plus chers. Tel est le parti dont nous sommes le porte-étendard!

Et si nous citons ces grands noms et ces grands principes, est-ce pour raviver les passions, pour triompher du haut de notre banc d'accusé et pour nous transformer en accusateur? Non; c'est pour nous justifier, pour témoigner de la loyauté de notre intention. Car la grande affaire dans une question de presse, Messieurs les jurés, c'est l'intention. La nôtre a été celle de tous les amis de la liberté, de tous ceux qui veulent le bien et la grandeur de leur pays; la nôtre, elle est pure de tout esprit de parti, puisqu'elle n'est d'aucun parti, si ce n'est celui de l'ordre et de la vérité; pure de tout esprit de domination, puisque nous réclamons pour les hommes de tout culte, de toute croyance, puisque nous voulons l'égalité devant la loi et et sous la Charte. Et prenez-y garde; car en nous condamnant, vous condamneriez du même coup ces gloires qui nous protégent! Voilà notre intention.

Mais avions-nous le droit de nous mêler à ce combat; et, si nous avions ce droit, comment en avons-nous usé?

Le droit, Messieurs. C'est ici une des plus hautes questions de notre constitution politique. Je ne rappellerai que quelques principes sur lesquels je suis heureux de me trouver d'accord avec M, le procureur-général. En France, tout repose d'après la Charte sur la souveraineté nationale. Un des exercices les plus précieux de cette souveraineté, c'est le droit d'examen et de discussion sur les choses, sur les hommes, sur les administrations, sur les actes du gouvernement. Le gouvernement n'étant et ne devant se considérer que comme le mandataire de tous, tous ont le droit de contrôler ses actes. Que dis-je? C'est un devoir politique. Qand on voit une amélioration, il faut la réclamer; quand on croit posséder une vérité, il ne faut pas la tenir captive: c'est l'honneur, ce sera, je l'espère, le salut de notre patrie!

Or, ce droit appartient-il au prêtre? Pourquoi non? Est-ce que le prêtre n'est pas un citoyen? Il n'a pas de privilége, il ne veut pas en avoir. Mais « le prêtre n'est pas réduit à incliner sa tête sous le signe qui la couronne comme sous un sceau de servitude. « Il possède tous les droits, c'est à lui de juger s'il doit en faire usage. Mais si le caractère auguste dont il est revêtu donne plus de puissance à sa parole, il ne saurait lui ôter rien de son indépendance!

Messieurs les jurés, vous êtes les gardiens de toutes les

libertés. On dit que celle de l'enseignement n'est pas populaire; ce n'est pas vrai : toutes les libertés sont populaires en France! Prenez-y garde, toutes elles se tiennent! On espère peut-être se prévaloir de votre verdict contre l'une; et le temps ne tarderait pas où on s'en servirait comme d'un précédent pour attaquer toutes les autres! Garantissez-nous donc de la liberté de l'enseignement et avec elle la liberté de discussion; car de quel droit l'Université serait-elle seule hors de l'examen, et comment, dans un pays où l'on discute tout, ne la discuterait-on pas?

Nous l'avons discutée : c'est l'œuvre qui nous amène devant vous.

Mais, en exerçant ce droit, n'avons-nous pas excédé la mesure? Avons-nous attaqué le gouvernement? Avons-nous commis les délits qui nous sont imputés? J'arrive au cœur même de l'accusation.

Et, d'abord, permettez que je mette à part la plus grave des accusations qui pèsent sur nous : l'excitation à la haine et au mépris du gouvernement du roi.

Ce chef est-il sérieux? Je ne saurais le croire.

L'art. 4 de la loi du 22 mars 1822 fait une distinction capitale : il dit dans son paragraphe 1er : « Quiconque aura excité à la haine ou au mépris du gouvernement du roi sera puni, etc. » Et dans son paragraphe 2e : « La présente disposition ne saurait porter atteinte au droit de discussion et de censure des actes des ministres. »

Cette distinction est essentielle, ce n'est pas une affaire de légiste : la loi la prescrit. De plus, elle est parfaitement expliquée et par la logique et par la jurisprudence. On comprend à merveille que l'on puisse attaquer le gouvernement du roi isolément, collectivement. Dire, par exemple, comme on a pu le faire à une autre époque : Une *tendance fatale* entraîne le gouvernement vers l'absolutisme ; dire, comme on a pu le faire de nos jours, qu'une *pensée immuable* préside aux actes du gouvernement et en vicie l'essence, voilà une sorte d'attaque réprimée par la loi. De plus, le *gouvernement* du roi ne se borne pas aux ministres : il se compose, selon la Charte de 1830 (articles 12 à 19), d'abord du Roi, chef suprême de l'Etat, personnification de la puissance exécutive, et de ses ministres, agents responsables de son autorité ; ensuite du Roi, de la Chambre des pairs et de la Chambre des députés, triple élément de la puissance législative. Dès-lors il n'existe, dans le sens de l'article 4, d'attaque que celle qui embrasserait non-seulement une des parties, mais toutes les parties du gouvernement.

Et c'est bien ainsi que le législateur l'a entendu, quand la commission de la Chambre des députés a fait ajouter le 2ᵉ alinéa, qui, en livrant les actes des ministres, les isole du *gouvernement ;* et quand le garde-des-sceaux, M. de Serres, dans l'Exposé des motifs, disait : « Il n'est que trop vrai que les lois rendues peuvent être mauvaises, funestes même ; il est vrai encore que de bonnes lois peuvent être mal exécutées, ou ce qui est pis, enfreintes. Il est de notre droit public que ces erreurs et d'autres semblables puissent être librement critiquées ; mais il sera facile, dans cette critique, de distinguer du vil libelliste qui ne respire qu'anarchie et destruction, le citoyen courageux, le sujet fidèle qui ne blâme que par des motifs de devoir et d'intérêt, et qui, tout en blâmant, prouve son respect et sa loyauté. » Et la jurisprudence a consacré cette distinction capitale. La Cour suprême a décidé que l'art. 4 « ne peut s'entendre que du gouvernement du roi lui-même dans sa puissance exécutive, c'est-à-dire des ministres *agissant collectivement* sous l'autorité du roi; et que le dernier paragraphe du même article confirme pleinement que c'est du corps des ministres *pris collectivement* qu'il s'agit dans le premier paragraphe. »

Appliquons cette doctrine et cherchons si M. l'abbé Combalot a attaqué le gouvernement du roi ainsi entendu.

Voici le premier passage :

« Le pouvoir nouveau a trouvé cette corporation (l'Université) établie en France quand la révolution de juillet, au souffle des élèves du monopole, eut renversé l'antique dynastie de nos rois. Le jour où deux cents et quelques députés l'inaugurèrent, il jura devant le ciel et devant le pays de rendre à Dieu et aux pères de famille les droits usurpés sur le monopole. Ce serment solennellement prêté par les dépositaires de la force publique fut écrit dans la nouvelle Charte; or, que sont devenues ces promesses? Comment a été accompli ce pacte social, condition première de l'établissement politique de 1830?

« Les plaintes de la famille, les gémissements des premiers pasteurs et les larmes des mères ont été méconnus. Le joug du monopole déjà si pesant sous la restauration, dont il précipita la chute, s'est aggravé encore ; il est devenu de fer et d'airain, »

Dans tout ceci qu'y a-t-il autre chose que la réclamation d'un droit? que la protestation contre une législation que M. le procureur-général Persil déclarait *expirante*, qu'il n'invoquait *qu'à regret* en 1831?

Où y a-t-il attaque au gouvernement du roi et même aux ministres? Nous n'en voyons aucune. Y a-t-il excitation à la haine ou au mépris? M. Combalot invoque-t-il, comme le faisait naguère M. le ministre de l'intérieur, cette redoutable mais incontestable doctrine qui déliérait du serment de fidélité? Non. Que fait-il? Il conseille aux pères de retirer leurs enfants! aux évêques de réprouver les doctrines! Dans cette action pacifique et légale, où est la haine? où est le mépris du gouvernement du roi.

Voyons le deuxième passage:

« Quels chefs le gouvernement, oublieux de sa propre stabilité, a-t-il mis à la tête de l'Université? Des hommes systématiquement ennemis de la foi de la grande majorité des Français, des hommes connus par leur philosophisme anti-chrétien et leur propagandisme révolutionnaire; des hommes qui, après avoir versé du haut des chaires publiques le vin de la révolte et les systèmes d'incrédulité au cœur de la jeunesse, ont fait d'une portion immense de cette jeunesse, le scandale de l'Europe, la terreur du gouvernement et le désespoir des familles. »

Mais ici encore, que vient faire le gouvernement? Dira-t-on qu'il est attaqué tout entier? Point du tout. Ce qui est attaqué, ce sont les nominations des hommes placés à la tête de l'Université, des hommes placés à la tête de la philosophie, par exemple, le conseil royal, l'administration enseignante ; et cela non pas nominativement, mais comme corps, et corps doctrinal ?

D'ailleurs, au fond, qu'est-ce tout cela ? Un avis sévère, mais loyal, et non pas une excitation. Et ici, comme tous les hommes éminents l'ont remarqué, il ne suffit pas qu'il y ait *excitation* pour qu'il y ait délit ; il faut que l'excitation « ait eu, non un motif de réformation, mais un but répréhensible qui est *le trouble de la paix publique.* » (Chassan, Lois de la presse.) Ce qui faisait dire à M. de Barante : « Si les discussions abstraites, qui n'ont pas un caractère d'excitation, pouvaient être poursuivies, ce serait une extension erronée et vexatoire qui n'est pas dans l'intention de la loi. »

Examinons donc de bonne foi si M. Combalot a voulu troubler la paix publique, exciter les passions contre le gouvernement ? quand, dans son propre intérêt, il lui reproche des nominations dangereuses, quand la ligne d'après, il va redire les conseils courageux que, lui aussi, il a portés aux pieds du trône ! Ecoutez-le en effet :

« Le roi des Français ayant daigné me recevoir en audience particulière, il y a bientôt deux ans, me permit de l'entretenir pendant près de deux heures. Enhardi par une indulgente bonté, je répandis mon âme devant lui, avec toute la liberté d'un missionnaire. Je déroulai aux yeux de Sa Majesté le tableau de nos misères morales, et je mis à nu les plaies saignantes du monopole. Au lamentable récit des douleurs de la famille et des maux de la société, le roi prononça une de ces paroles qui prouvent qu'au sommet des dignités de la terre, il y a quelquefois de ces *illuminations soudaines* qui laissent apercevoir aux chefs des empires les dernières et inévitables conséquences des doctrines de doute et d'anarchie, et qui seraient capables de prévenir de grandes calamités, si la sagesse, descendue providentiellement dans le cœur des princes, pouvait passer au cœur de ceux qui vont s'asscoir dans leurs conseils. »

Ainsi donc, ici encore, pas de délit!

Le dernier passage maintenant :

« Faites des colléges, dirons-nous à l'Etat, mais n'en confiez pas la direction à des hommes hostiles à la foi de trente-trois millions de catholiques. Faites des colléges, mais si vos doctrines philosophiques, historiques, littéraires et scientifiques, sont subversives des dogmes que la nation professe, malgré vos criminels efforts pour la *décatholiser*, attendez-vous à voir vos professeurs, vos théories et vos systèmes publiquement et justement censurés, flétris et condamnés par les pontifes qui répondent à Dieu de l'âme des enfants que vous voulez pervertir. »

Ici encore, qu'y a-t-il? Je vois d'abord la haute reconnaissance d'un droit; et c'est une justice qu'il serait temps de nous rendre : si nous combattons le monopole dans les mains de l'Université, nous ne le réclamons pour personne, pas plus pour le clergé que pour qui que ce soit. De plus, nous nous inclinons devant le droit de l'Etat à ouvrir des colléges : » Faites des colléges, répétons nous. » Et puis, nous reportant aux actes du ministre qui exerce ce droit, aux actes du ministre de l'instruction publique, nous lui disons : « Prenez garde! Citoyens, chrétiens, nous avons le droit de censurer vos actes, nous avons l'œil ouvert sur vous; si vos doctrines sont bonnes, nous y applaudirons;

si elles sont subversives de nos dogmes, alors nous invoquerons sur eux, quoi? le mépris, la haine, la destruction? Non : la censure de nos évêques, gardiens et vengeurs de la foi! » Voilà tout! Où y a-t-il attaque au gouvernement du roi?

En vain prétendrait-on que cette attaque tombe par sa généralité sur le gouvernement. Il s'agit ici de colléges à faire, de chefs à y nommer. Certes, c'est bien, ou jamais il n'en fut, un acte ministériel; et cet acte, c'est notre propriété. Enfin, c'est une simple hypothèse, c'est un fait conditionnel, « si vos doctrines. » Et d'ailleurs, quelle est l'intention et quelle est la conséquence? l'intention : empêcher que les ministres ne blessent la foi et les sentiments de 33 millions d'hommes; la conséquence : une censure des évêques, ce qui est un droit imprescriptible et un devoir étroit pour eux, et ce qui jamais n'a été considéré comme une excitation à la haine et à la révolte.

Que ressort-il donc de ce grave chef d'accusation? Tout au plus la censure d'actes ministériels, de loyaux avis adressés au pouvoir, et cette fierté mâle du bon citoyen qui parle aux grands le langage austère de la vérité, cette courageuse énergie du missionnaire qui s'exprime avec la franchise de son zèle et la pureté de son intention.

Restent les trois autres chefs.

L'accusation est habile; elle a prévu le cas où son premier appui lui manquerait; et elle s'est retranchée derrière les autres ; elle s'est abritée sous trois dénominations diverses. Ainsi le sujet de nos attaques, ce sera d'abord une *classe d'hommes* puis une *classe de citoyens*, et si cette ressource lui échappe, elle se ménage la faculté de nous reprocher d'avoir diffamé une *administration publique !*

Nous ne pouvons admettre ces métamorphoses. Ces trois êtres ne font qu'un, et cette unité, c'est l'*Université*. Je n'en voudrais qu'une preuve, tirée de l'acte d'accusation même. Tous les passages incriminés sont réunis en un bloc, et tous s'appliquent aux trois délits. C'est un aveu implicite dont nous prenons acte.

Ainsi, n'examinons pas si l'accusation n'a pas tendu le ressort de la loi de 1819 et appliqué à l'Université un article destiné à prévenir des appellations qui reportent à des passions d'un autre âge. Contentons-nous de remarquer que si l'Université se plaint comme *administration publique*, ce titre lui suffit. Restons-y. L'Université donc se croit diffamée, injuriée. Or, nous avons vu que M. l'abbé Combalot avait le droit de discuter l'Université. Dans cet examen, a-t-il commis le délit de diffamation et d'injures? C'est là tout le procès.

Dans cet être collectif, dans cette *administration*, disons le mot, dans cette CORPORATION (administration est trop faible), qu'avons-nous discuté? La vie publique des fonctionnaires, la vie officielle du corps, ce qui *nous appartient*, selon l'expression de M. de Serres, dans l'exposé des motifs de la loi en vertu de laquelle nous sommes traduits devant vous :« C'est le droit, disait le garde-des-sceaux, c'est souvent le devoir de chacun des citoyens de reprocher aux administrateurs leurs torts ou leurs fautes publiques. »

Or, la vie publique d'une administration telle que l'Université, qu'est-ce, sinon l'*enseignement*? les actes de ses fonctionnaires, que sont-ils, sinon leurs *doctrines*? Eh bien! nous disons, nous, que l'Université a des doctrines, et qu'elle est responsable et solidaire de ce que disent et enseignent tous ses membres.

Oui, vous avez des doctrines. D'abord, vous formez un corps privilégié, investi du monopole de l'enseignement, lié par une hiérarchie puissante, unitaire. Vous ne ressemblez pas à une administration ordinaire : des obligations spéciales, civiles, temporaires, vous enlacent. (Art. 2 du décret de 1808.) Vous êtes lié par des serments, vous ne pouvez sortir du corps sans l'autorisation du grand-maître. Vous êtes soumis à une discipline si sévère qu'elle va jusqu'aux *arrêts*. (Art. 47 du décret de 1808.)

Vous faites une corporation et une corporation close : « *Ce qu'avait fait Sparte*, disait M. de Fontanes dans sa première instruction à l'Université, *ce que les ordres religieux avaient tenté de nos jours, mais imparfaitement, parce qu'ils n'étaient pas un*, vous l'êtes. » Vous êtes un corps chargé de garder l'unité doctrinale. « *Sa Majesté, I. et R. a organisé l'Université en un corps*, disait encore M. de Fontanes, *parce qu'un corps ne meurt jamais et qu'il y a toujours transmission d'organisation et d'esprit. Sa Majesté veut un corps dont la doctrine soit à l'abri des petites fièvres de la mode, qui marche toujours quand le gouvernement sommeille. Il y a toujours eu dans les Etats bien organisés un corps destiné à régler les principes de la morale et de la politique. Telle fut l'Université de Paris, la Sorbonne, etc.,* il en cite plusieurs et il ajoute : *et chez les Turcs le corps des Uhlémas. Ces corps sont les premiers défenseurs de la morale et des principes de l'Etat, etc.* »

Ce qui nous fait dire avec M. Dubois, aujourd'hui membre du Conseil royal :

« *Vous l'entendez* : UNITÉ, PERPÉTUITÉ, IMMOBILITÉ, SACERDOCE MORAL ET POLITIQUE, CASTE DE RÉSISTANCE, *voilà* l'UNIVERSITÉ. » (*Globe*, 13 septembre 1828.)

Ainsi donc, unité de doctrines et de principes, garantie sous le sceau du serment. Une dernière preuve encore, Messieurs, il y a obligation pour tout universitaire de dénoncer tout ce qui parviendrait à sa connaissance de contraire aux principes du corps. Lisons l'art. 46 : « Les membres de l'Université seront tenus d'instruire le *grand-maître et tous ses officiers* de ce qui viendrait à leur connaissance de contraire à la doctrine *et aux principes* du corps enseignant. »

Enfin, il y a unité de direction. Tout aboutit au conseil royal, gardien de l'unité, pouvoir souverain, et qui se partage les branches de l'enseignement, en sorte que tel conseiller a le département de la philosophie, tel autre le département de l'instruction primaire, etc.

Le conseil royal! c'est lui qui a fait acte de doctrines? Il approuve ou rejette les livres (art. 80), juge de ce qu'il y a de contraire aux principes de l'Université dans toutes les écoles, dont il a la police suprême; il détermine et discute les réglements (art. 100), les méthodes, les degrés d'instruction (art. 106), les prospectus (art. 104.)

Enfin, au-dessus de lui, se place le Grand-Maître, pontife de l'instruction, délivrant *seul* la permission d'enseigner (art. 54), donnant les réglements de discipline à toutes les écoles (art. 60), prêtant, dans la chapelle impériale, *avec le cérémonial prescrit pour les archevêques* (je cite les termes du décret du 17 septembre 1808), le serment « *de ne se servir de l'autorité que Sa Majesté lui confie que pour former des citoyens attachés à leur religion, à leur prince, à leur patrie* ! »

Leur religion! ce mot me rappelle un dernier trait. Il fallait une base à l'enseignement : l'Empereur la donna fixe, invariable. Après vingt-trois mises sur le métier, le conseiller Fourcroy lui avait présenté un projet de décret dont l'article 38 disait : « Toutes les écoles de l'Université prendront pour base de leur enseignement les préceptes de la religion chrétienne (non pas d'une religion vague)... » l'Empereur trouva que le mot n'était pas assez explicite; il effaça *chrétienne*, et mit CATHOLIQUE!

Certes, voilà une base de doctrines! Dites donc maintenant que, d'après vos lois constitutives, vous ne devez pas avoir de doctrines!

Dites donc qu'il n'y a pas de solidarité. Quoi! un ministre ordinaire est responsable des actes de ses inférieurs, quand il les connaît, et ne les désapprouve pas. Vous, vous êtes une corporation, je dirai une *Eglise laïque*, avec M. Dubois, conseiller de l'Université. Vous êtes tous solidaires, et le grand-maître répond de vous tous! il vous couvre, à tel point que M. Charma, professeur de philosophie à Caen, a pu dire dans son *Introduction*, et en soutenant qu'il ne pouvait accorder ensemble *la prescience de Dieu et la liberté de l'homme : Le conseil royal connaît mon hérésie!*

Or, nous avons bien droit d'examiner si vous êtes fidèles à vos décrets, nous surtout, prêtre catholique, chargé du dépôt de la doctrine.

Mais je vous entends crier à l'intolérance. Vous vous réfugiez derrière la Charte qui garantit la liberté d'opinions, l'égale admission des citoyens aux emplois. Vous vous faites les tenants de la liberté de penser et, au besoin, vous vous donneriez, comme au collége de France, pour les martyrs de cette liberté, pour les héritiers de Ramus!

Oui, certes, vous usez largement de ce droit! Dans le vaste sein de votre corporation, toutes les croyances et toutes les incroyances sont représentées. Des protestants ont été vos grands-maîtres, et, dans les chaires de vos colléges, des juifs sont assis à l'heure où je parle. Eh bien! soit; abjurez vos décrets; reniez ces obligations et ces serments qui sont d'un autre âge. Mais alors, reniez-les tout entiers! Rentrez dans la Charte et dans le droit commun! Et, du même coup, abandonnez le monopole, et rendez-nous nos enfants; car si nous respectons la conscience du maître, nous voulons que le maître respecte la conscience de l'élève. Ce sera votre intérêt; ce sera votre bonheur. Car, voyez : aujourd'hui, ce professeur juif, ce professeur de philosophie à l'un de nos premiers colléges, au collége de Charlemagne, quelle situation lui faites-vous? Le voilà arrivé, dans l'histoire de la philosophie, à l'an Ier de l'ère chretienne. Il est fortement convaincu de sa foi; que va-t-il dire? Sa conscience l'oblige à déclarer à ses auditeurs que l'an 32 de l'empire de Tibère César, un homme est né, un philosophe, qui se disait Dieu, qui attaquait la religion de son pays, et que ses ancêtres ont bien fait de le crucifier! Mais quel blasphème pour des oreilles chrétiennes! Prendra-t-il un moyen terme? Il n'y en a pas. Il dira que Jésus est un sage? Non : pour nous c'est un Dieu, et toute autre parole veut l'anathème.

Et voilà pourquoi nous attaquons l'Université, parce que si nous voulons que le juif enseigne les enfants de la synagogue, nous ne voulons pas qu'un juif parle du Christ à nos enfants!

Comprenez-vous maintenant, MM. les jurés, que tant de réclamations s'élèvent contre un pareil état de choses; que nous gémissions contre cette perte de la foi ou cette désespérante indifférence pire que l'erreur et que nous mêlions nos larmes et nos cris à ceux des évêques, à ceux des protestants, à ceux de tout homme de foi et de cœur!

L'Université avoue qu'elle n'a pas de croyances, et elle voudrait garder le monopole des croyances! Elle avoue qu'elle ne donne pas l'éducation, et elle voudrait garder le monopole de l'éducation! Nous qui n'avons rien de plus cher au monde que l'éducation et les croyances, l'âme et le corps des jeunes générations, nous ne cesserons de protester et de demander la destruction de ce monopole, et le droit de soustraire nos enfants à des doctrines qui sont contraires aux nôtres!

En un mot, voici le résumé de toute cette discussion : Ou vous êtes catholiques, comme vos décrets vous y obligent, et nous avons le droit et le devoir d'examiner si vous êtes fidèles à vos décrets, et alors il faut que vous renonciez au monopole. Jusque-là, vous n'aurez ni repos ni trève !

Nous avons donc le droit de discuter les doctrines et les actes de l'Université ? Comment l'avons-nous fait ?

Lorsque M. l'abbé Combalot a vu quelles étaient les doctrines enseignées sous la responsabilité du corps universitaire, avec cette redoutable puissance que donne le monopole, il a été épouvanté. Homme de doctrine, il s'est indigné avec cette chaleur de conviction qui est le fond de son âme, avec cette terreur qu'inspire l'aspect des théories dangereuses. Homme de prédication, luttant sans cesse contre les vices, et voyant le débordement général des passions, et cette effrayante progression des poursuites judiciaires qui, en dix ans, de 1830 à 1840, montent de 62,000 à 98,000 (rapport de M. de Tocqueville), et cet abaissement moral dont tous les esprits droits gémissent, et cette perte des sentiments d'honneur, de vertu, de probité, que vous ressentez si cruellement, vous, M. le procureur général, chargé de veiller au maintien de l'ordre social ; vous, MM. les jurés, investis de la redoutable mission de juger les coupables ; il s'est dit avec Leibnitz : « *L'éducation, c'est tout l'homme !* » Et quand il a jeté les yeux sur cette grande institution, seule chargée d'élever les hommes, et qui seule depuis près de cinquante années préside à l'éducation de la France, n'a-t-il pas dû lui demander compte et lui dire : Qu'as-tu fait de nos fils?

Messieurs, M. l'abbé Combalot vous répétera quelques-unes de ces doctrines, et vous comprendrez ce qu'il a dû souffrir! Oh! que ne puis-je vous faire assister à un autre combat, au combat qui se passait dans la conscience du prêtre quand un malheureux jeune homme, victime des désolantes théories de ses maîtres, et, ayant réalisé, hélas! leurs dangereux préceptes, venait lui porter le fardeau de ses afflictions et de son désespoir; quand il comptait les ravages faits dans cette pauvre âme, et ses plaies saignantes encore! Ah! lorsqu'il se relevait, après avoir rappelé par sa bénédiction le calme et la paix dans cette intelligence désolée, concevez-vous qu'un cri d'indignation et de douleur s'échappât de ses entrailles! Eh bien! ce cri, Messieurs, c'est sa brochure? Je vous en supplie, ne perdez pas de vue ces circonstances, et suivez-moi maintenant dans l'examen des passages incriminés : je serai bref.

Une seule idée domine M. l'abbé Combalot, et cette idée, elle le justifie. Le prêtre pense que l'instruction et l'éducation universitaires font perdre la foi aux jeunes générations, et il emploie toute l'ardeur de son zèle et les mille formes de sa parole, pour prouver ce fait, pour en démontrer les funestes conséquences, pour en empêcher le dévoloppement.

L'éducation de l'Université fait perdre la foi. Voyez, à chaque page, cette pensée se reproduit :

Page 6: « La persécution du monopole éteint dans les âmes la vie surnaturelle de la foi... »

Page 7. « Le monopole dévore l'avenir religieux de la France... »

Page 8. « Il viole les droits les plus sacrés; il insulte à l'autorité paternelle. »

Page 9. « La foi meurt dans l'âme de la génération... »

Page 21. « Les ennemis de l'État sont les enfants du désordre, que le monopole élève dans la haine du Christ... »

Page 26. « Tout gouvernement est impossible avec une génération nourrie d'impiété... quand on lui apprend que le catholicisme n'est qu'une forme passagère... »

Page 55. « L'Université a mis en coupe réglée l'âme et la foi de vos enfants... elle verse dans leur cœur le poison du doute et de l'indifférence. »

Puis il en dévoile les tristes résultats.

Page 34. « D'où est venue la littérature immonde de l'époque actuelle? où ont-elles puisé les éléments générateurs de la poésie et de l'éloquence, ces intelligences prostituées qui vont chercher au fond des enfers la glorification du bagne, de l'inceste, de l'adultère et de la révolte. Ce sont les enfants de l'Université qui corrompent la terre du souffle empoisonné de leurs productions littéraires. »

Page 39. « L'absence de toute foi dogmatique dans l'enseignement de la philosophie, de l'histoire, des sciences et des arts, pousse les esprits dans une indépendance vers laquelle ils ne sont que trop inclinés par leur dégradation originelle... La dépravation de l'esprit engendre nécessairement la dépravation de l'âme (tout cela est logique, rigoureux). Quand l'enfant et le jeune homme, en effet, ne croient plus à Dieu, au ciel, au Christ, à l'éternité des peines et des récompenses; quand le dogme de la prière est tombé pour eux dans l'oubli et le dédain, quand la confession et l'eucharistie ne leur inspirent plus que de sacriléges railleries, que deviennent alors les principes éternels de la morale?... ».

A ce mot, il me revient un souvenir. Platon ne disait-il pas lui, aussi : « Celui qui ébranle la religion, renverse le fondement même de la société. »

Enfin, de tout cet exposé, quelle conséquence tire l'abbé Combalot? Veut-il le privilége? non. Demande-t-il au gouvernement la destruction? ameute-t-il les passions? excite-t-il à la haine et au mépris? non. Il s'adresse aux évêques et aux pères de famille. Aux seconds il dit : « Vous voyez le danger, retirez vos enfants. » (Page 48.) « Rappelez vos enfants près de vous; jurez devant Dieu et devant le pays de ne les plus remettre à des maîtres incrédules, et par conséquent indignes. » Aux évêques, il répète ce que déjà leur conscience leur a dicté : (Page 55.) « Revêtez-vous de l'armure divine...» (Page 66.) « L'Université n'aime pas les prêtres, ne lui en donnez plus.... Éteignez la lampe du sanctuaire... Que le sacrifice ne s'offre plus sur un autel profané! »

Voilà tout pour le fond.

Et c'est si bien le monopole et ses conséquences qui sont attaqués, que remarquez ces deux derniers passages, qui résument en quelque sorte tout l'ouvrage. Le premier s'applique au conseil royal et à l'Université entière.

M. Combalot distingue : (page 28) « Chose incroyable! cette unité terrible, cette formidable organisation se compose d'éléments si divers, de doctrines si contradictoires, d'individualités si disparates, qu'on ne peut rien lui comparer, dans les criminels essais de l'homme, pour détruire l'empire de Dieu. Le bien et le mal, la vérité et le mensonge, la foi et le doute, le vice et la vertu, le oui et le nom, la lumière et les ténèbres, la vie et la mort, se sont donné rendez-vous dans l'enfer du monopole. »

Et il ajoute : « Le conseil royal renferme des hérétiques et des indifférents, et l'œil étonné y rencontre un ou deux bons catholiques. Nous connaissons des inspecteurs généraux, des recteurs d'académie, dont la piété sincère mérite des éloges. . . Le corps enseignant renferme dans son sein des professeurs dignes des hautes fonctions qu'ils remplissent : mais qui dira le nombre de ceux que le doute et l'indifférence ont marqués d'un signe réprobateur? Jamais le Conseil royal, en les enrôlant sous sa bannière, ne leur a demandé une garantie de foi pratique! »

Vous le voyez, toujours le monopole; jamais les hommes; toujours les doctrines. Encore que leur reproche-t-il? De n'être pas catholiques, de ne pas donner l'éducation, d'établir l'indifférence et de provoquer la perte de la foi et la perte de la vertu, de la vertu, qui, pour nous, chrétiens, ne peut exister sans la foi!

Plus loin, il parle de l'École normale, (p. 33) il l'appelle « un véritable séminaire de scepticisme et d'indifférence. » Encore le même reproche.

Maintenant, ce reproche est-il fondé? Car, remarquez-le, MM. les jurés, si tous ces faits sont vrais, il n'y a pas de diffamation. L'art. 20 de la loi du 26 mai 1819 est formel à cet égard : « *La preuve des faits imputés met l'auteur à l'abri de toute peine*, sans préjudice des peines prononcées contre toute injure *qui ne serait pas nécessairement dépendante des mêmes faits.* » Ce qui nous lave à la fois et du délit de diffamation et du délit d'injures, si nous prouvons la vérité de nos allégations ! Ne craignez pas, Messieurs, nous n'irons pas loin pour chercher ces preuves. Nous aurions pu nous entourer de témoignages terribles : mais non, quelques lignes nous suffiront.

L'éducation de l'Université est mortelle à la foi. Ecoutez : Nous disons à la foi catholique d'abord. Permettez-nous de vous citer l'autorité de nos évêques, elle est péremptoire en pareille matière.

Je ne vous rapporterai qu'un seul trait : souffrez que je vous reproduise les derniers vœux d'un de nos plus vénérables prélats à qui l'autorité de ses cheveux blancs donne encore plus de droits à nos respects :

« Le caractère sacré dont je suis revêtu, dit Mgr l'évêque de Limoges, mon grand âge, mes cheveux blancs et ma santé affaiblie, qui me rendent présente la pensée de la mort et du jugement de Dieu, m'ont fait un devoir de parler avec vérité, avec modération et avec charité. Oui, c'est la main sur la conscience et en présence de l'éternité [1], que je me résume en disant : *L'éducation donnée dans la plupart des écoles de l'Université est très-*

[1] Mgr l'évêque de Limoges était à l'agonie au moment où nous invoquions devant la justice ce dernier et solennel témoignage. Le pieux et vénéré pontife est mort le 7 mars.

mauvaise; cette éducation, au lieu de corriger dans les générations nouvelles les vices de la nature humaine communs à toutes les époques et particuliers à la nôtre, LES ENTRETIENT ET LES DÉVELOPPE ; *et si cet état de choses est conservé, il ne peut manquer de produire, dans un avenir peu éloigné, des maux incalculables pour la religion et la société :* ET NUNC... INTELLIGITE; ERUDIMINI QUI JUDICATIS TERRAM. » (Psalm. 2.)

Ecoutez maintenant un homme, un seul homme, dont le nom résume glorieusement les doctrines et les vœux des catholiques, M. le comte de Montalembert. Élève de l'Université, il disait à la Cour des pairs :

« *Votre Université nous pèse, elle* OPPRIME NOS CONSCIENCES... *C'est le cœur navré que je déclare ici que si j'étais père, j'aimerais mille fois mieux voir mes enfants croupir toute leur vie dans l'ignorance que de les exposer à l'horrible chance que j'ai courue moi-même, d'*ACHETER UN PEU DE SCIENCE AU PRIX DE LA FOI, *au prix de tout ce qu'il y aurait de* PURETÉ ET DE FRAICHEUR *dans leur âme, d'*HONNEUR *et de* VERTU *dans leur cœur!* »

Mais on pourrait peut-être accuser de partialité cette voix généreuse, et puis j'ai dit que la foi chrétienne même périssait. Entendez M. de Gasparin, l'organe du protestantisme :

« Le jeune homme qui arrive à Paris pour se livrer à des études sérieuses, est *forcément repoussé vers le scepticisme... Dans les colléges universitaires, la religion, et surtout la nôtre, joue un si petit rôle! L'instruction y est payenne et l'éducation nulle!* L'ÉDUCATIXN RELI-

GIEUSE, ELLE N'EXISTE RÉELLEMENT PAS DANS LES COLLÉGES. *Ce sera l'un des étonnements de l'avenir que d'apprendre qu'une société qui se disait chrétienne a voué les sept ou huit plus belles années de la jeunesse de ses enfants à l'étude exclusive des païens... qu'elle leur a* LENTEMENT *et* LABORIEUSEMENT INSPIRÉ TOUS LES SENTIMENTS LES PLUS OPPOSÉS A L'ÉVANGILE, *et que cet Evangile a été relégué à une place tellement infime, qu'il a pu rarement contre-balancer l'influence de ces* DÉTESTABLES DOCTRINES, *si bien adaptées à nos penchants naturels. Qui n'éprouve le besoin*, ajoute-t-il, *de rompre enfin avec ce* RÉGIME D'ORGUEIL, *de* JALOUSIES, *de souffrances mauvaises et de jouissances empoisonnées, de rivalités sans compassion et de triomphes sans humilité, qui* RUINENT *au sein de tant de jeunes âmes le peu de* PRINCIPES ÉVANGÉLIQUES *que l'instruction religieuse y a déposés.* »

Mais ce n'est rien encore. Que sera-ce si nous vous montrons, dans les aveux des chefs eux-mêmes de l'Université, la confirmation de nos paroles?

Eh bien! les voici : c'est M. Guizot, reconnaissant devant la chambre des députés, en 1836, que l'*éducation n'était pas au niveau de l'instruction.*

C'est M. Cousin qui, dans un rapport sur l'état de l'instruction publique en Allemagne, attaquait vivement le système de l'Université de France, et disait : « *Si cette éducation est si bonne, on devrait en voir les fruits!* »

C'est M. Dubois, directeur de l'Ecole normale, déclarant que : « *Dans l'Ecole normale, tout paraît à merveille organisé pour l'instruction. En général, c'est en*

France notre mérite. Mais il est une autre partie des devoirs de l'enseignement sur laquelle nos ÉCOLES *de* TOUS LES DEGRÉS *laissent beaucoup à désirer :* L'ÉDUCATION, *jadis tout à fait et exclusivement religieuse, œuvre de la famille et du culte, semble aujourd'hui s'effacer devant la science. Quelques traditions vagues, souvent contradictoires, demeurent à peine dans les esprits, et nous voyons* JE NE SAIS QUELLE DÉPLORABLE INDIFFÉRENCE DE L'AVENIR MORAL *des hommes et de leur destinée se répandre là* MÊME *où le soin et le souci profond de cet avenir doit être le premier et le plus saint devoir.* « (Rapport du 18 mai 1836. — Chambre des députés.)

C'est enfin M. Saint-Marc Girardin, membre du Conseil royal, s'écriant avec amertume : « NOUS NE FAISONS PAS PLUS DES CITOYENS QUE DES DÉVOTS DANS NOS COLLÉGES. QUE FAISSONS-NOUS DONC ? NOUS INSTRUISONS, NOUS N'ÉLEVONS PAS. NOUS CULTIVONS ET DÉVELOPPONS L'ESPRIT, MAIS NON LE COEUR ! »

On conçoit qu'après ces accablants aveux, M. Corne, député, s'écrie :

« La conséquence immédiate à en tirer, c'est qu'il faut au plus tôt renvoyer les 20,000 jeunes gens élevés dans les colléges de l'Université, c'est qu'il faut fermer ces pensionnats incapables de donner l'éducation ! »

Et nous, Messieurs, et M. Combalot, nous n'allons pas si loin ; nous ne demandons pas la ruine des écoles de l'État, mais nous demandons seulement la liberté ! Ah ! si nous sommes coupables, si nous avons diffamé, faites donc asseoir sur ce banc, à nos côtés, les premiers auteurs de diffamation, les membres du Conseil royal et les grands-maîtres de l'Université!

Mais non! Nous n'avons dit, hélas! que des choses trop justifiées : *Habemus confitentem reum!* et notre innocence est reconnue!

Reste la forme, et si j'en parle, c'est pour empêcher qu'on ne fasse descendre cette haute querelle à une querelle de grammaire. La forme extérieure, elle est grave et digne; c'est un mémoire, presqu'un livre; c'est une œuvre qui ne craint pas le jour, qui est signée, reconnue à la face du soleil. C'est un mémoire adressé aux pères de famille et aux évêques, à la double paternité selon la chair et selon la foi.

La forme intérieure ensuite; elle dispaît devant la grandeur du sujet, devant la majesté des intérêts compromis. S'il est vrai que la foi a été attaquée, que la croyance soit diminuée, que la vertu périsse, rien n'est trop fort. Car ici, comprenez-le, c'est le soldat qui défend son drapeau! Ferez-vous un crime à l'homme qui porte une épée de répondre à l'outrage fait à son corps avec une vivacité trop ardente? Ferez-vous un crime à l'enfant qui voit attaquer ce qu'il a de plus cher au monde, d'avoir défendu avec indignation l'honneur de sa mère? Pour nous, Messieurs, pour M. Combalot, qui offrirait avec joie sa vie et son sang, si nous étions dans une époque de persécution, la foi, c'est sa mère et son drapeau; pour elle il a tout quitté; pour elle, il a tout sacrifié : lui ferez-vous un crime d'avoir parlé avec son cœur?

Si vous saviez comme il s'est senti provoqué! La loi

romaine, cette sagesse écrite, comprenant tout ce qu'il y avait de sensible dans les fibres de l'âme humaine, excusait la violence après une provocation. Eh quoi! n'en ferez-vous pas de même; quand l'Eglise est en butte à tant d'outrages, quand, dans des livres signés d'un titre universitaire, dans des cours publics et soldés par l'Etat, ce que nous avons de plus vénérable et de plus sacré est publiquement insulté, traîné aux gémonies; quand on représente la morale de nos ministres du Seigneur comme infâme; quand on abreuve d'insultes les gloires de notre épiscopat; quand rien n'est épargné, ni les sacrements, ni les dogmes, pas même la charité; quand, s'il se rencontre un pieux évêque, ému d'une paternelle compassion pour de malheureux enfants livrés sur une terre lointaine, à la dent des pourceaux, il se trouve un professeur de l'Université pour déverser sur l'œuvre de sa charité le mépris et le sarcasme et pour dire : On rabat quelque chose sur la prière, on ne rabat rien sur le sou!

Ah! on vous a parlé de charité, de douceur et de vertus évangéliques. Qu'on me permette de répondre que nous savons où prendre nos enseignements et que nous lisons dans saint François de Sales : « C'est charité de crier au loup, quand le loup est dans la bergerie, » et que l'Evangile nous répète : *Irascimini!...* Je suis venu apporter non la paix, mais le glaive! »

Et puis, il ne faut pas séparer l'homme de son langage. La parole de l'apôtre, elle est véhémente comme son caractère, ardente comme sa charité, brûlante comme sa foi! Habitué à tonner du haut de la chaire contre les vices et les crimes, il ne sait ni les précautions, ni les ménagements oratoires. Que dis-je? Cette véhémence même prouve sa bonne foi, son innocence. S'il avait cru commettre un délit, s'il avait voulu échapper à la poursuite de la justice, il n'aurait eu qu'à farder son style, qu'à affecter de la modération, qu'à être habile! Mais non, il a voulu avant tout être vrai, et il s'est présenté rude et fort. Il a vu le mal, il est allé droit à lui, et il a frappé de tout l'effort de son bras!

Et voyez : il ne ménage personne. En 1830, il prêche le carême à la cour, il étonne par la hardiesse de son langage; on ne lui répond que par de bienveillantes paroles. Quand il s'adresse à son archevêque, écoutez ce qu'il lui dit : « Si Mgr l'archevêque de Paris veut sauver son peuple et se sauver lui-même, voilà mes conseils... L'épiscopat est moins une dignité qu'une charge, la mître d'un évêque n'est das un diadême, mais une couronne d'épines, etc. » Messieurs, son archevêque le bénit, et j'en ai reçu naguère le précieux témoignage. Le condamnerez-vous?

Nourri de la lecture des saints livres, il la reproduit avec la richesse de leur poésie, avec l'entraînement de leur éloquence, avec le pathétique de leurs images. Lui aussi, il prophétise! Le condamnerez-vous? Condamnerez-vous dans son livre les passages entiers des Saintes Ecritures, que l'accusation vous a dénoncés?

Enfin, Messieurs, il sait ce que c'est que l'éducation de la jeunesse, il sait que de sollicitudes et d'angoisses il faut subir pour maintenir la foi et la vertu dans de jeunes âmes. Chargé pendant plusieurs années de 500 enfants au séminaire de Grenoble, il a compris mieux que personne l'étendue de la tâche et des devoirs du maître, et c'est là qu'il a appris à mesurer combien une terrible responsabilité pèse sur les instituteurs! Et quand ensuite, appelé à prêcher la parole de Dieu aux élèves des colléges, il a pu comparer ce que devrait être l'éducation avec ce qu'elle était; c'est alors que toutes les puissances de son âme se sont soulevées, et que ses douleurs se sont épanchées dans le sein des pères et dans le sein des évêques!

MM. les jurés, vous allez maintenant avoir à nous juger. Je vous ai dit, et souffrez que je vous remercie de votre patiente indulgence, je vous ai dit le droit qu'avait M. Combalot, citoyen et prêtre, de demander compte à un ministre de ses actes, à une administration de ses fonctions, à l'Université de ses doctrines.

Je vous ai montré qu'il n'y avait pas de diffamation, puisque les faits attaqués étaient vrais, puisque l'intention avait été pure. Qu'il n'y avait ni injure, ni outrage, puisque les paroles n'étaient pas de nature à blesser la vérité; qu'il n'y avait pas d'excitation à la haine, parce qu'il n'y avait pas volonté ni désir de troubler la paix publique.

Je vous l'ai dit en toute sincérité. Et maintenant je vous le demande : l'accusé que vous avez devant vous est-il un criminel? Cet homme qui a usé sa vie à prêcher la miséricorde, à défendre la vérité et la justice, sème-t-il la discorde et la haine? Cet homme, que les douleurs privées et les douleurs publiques ont toujours trouvé si compatissant et si zélé, qui se dévouait à Paris au milieu du choléra pour sauver de la mort éternelle les tristes habitantes de la Salpétrière; cet homme travaille-t-il à la ruine du gouvernement et de l'ordre social? Cet homme est-il coupable?

Non, non, MM. les jurés! le monde chrétien attend votre arrêt; cet arrêt est un de ceux qui datent dans l'histoire. On saura si c'est un crime en France que d'avoir défendu les deux plus saintes choses qui soient sur la terre, la religion et la liberté! (De vifs applaudissements éclatent dans toute la salle d'audience.)

M. LE PRÉSIDENT. Ces manifestations sont scandaleuses. Si de pareilles scandales se renouvellent, nous ferons immédiatement vider l'audience aux perturbateurs. Quel que soit l'orateur qui porte la parole dans cette enceinte, on doit l'écouter avec respect et recueillement. Ce lieu n'est pas un théâtre, c'est un sanctuaire.

M. l'abbé Combalot désire-t-il présenter quelques observations personnelles pour sa défense?

M. L'ABBÉ COMBALOT. Plus tard, M. le président.

M. LE PRÉSIDENT. En réplique à M. le procureur-général?

M. L'ABBÉ COMBALOT. Oui, M. le président.

M. LE PRÉSIDENT. C'est bien.

Nous enjoignons à tous ceux qui sont de service ici, gardes municipaux et autres, de regarder attentivement, afin de nous signaler toute personne qui se permettrait des signes d'approbation ou d'improbation. Cet individu serait immédiatement expulsé de la salle.

M. LE PROCUREUR GÉNÉRAL. Non, Messieurs, ce ne peut être un crime de défendre, avec la conviction du cœur et la dignité du langage, la liberté, la morale et la religion;

mais c'est une faute, et souvent plus qu'une faute, de les compromettre par l'emportement et la passion.

Nous vous avions dénoncé des injures, des calomnies, publiées à l'occasion d'une question sur l'instruction publique et la liberté d'enseignement : on nous a répondu, avec talent, avec convenance, nous nous plaisons à le reconnaître, par une dissertation sur la liberté d'enseignement et l'instruction publique; mais les reproches, les charges dont on avait à se défendre, on en a dit à peine quelques mots : c'était pourtant là le procès; quand nous suivions ainsi deux routes différentes, nous ne pouvions nous rencontrer; aussi pourrions-nous dire que toute l'accusation subsiste et nous dispenser d'y rien ajouter.

Pourquoi, en effet, mettre tant d'insistance à revendiquer le droit d'examen et de discussion des doctrines et des lois constitutives de l'Université? Qui songe à vous contester ce droit que nous avons été le premier à vous reconnaître? Discutez, dissertez, combattez, vous le pouvez en toute liberté et toute indépendance : nul ne vous dit, nous ne vous le disons pas au moins, que les lois actuelles sur l'instruction publique soient parfaites, qu'elles soient le dernier mot du législateur, qu'en cette matière il n'y ait rien à réviser, rien à refaire : nous serions bien imprudent et bien mal inspiré de le dire; car depuis treize ans, ce grand travail est l'une des occupations les plus sérieuses du Gouvernement.

Est-ce qu'en 1833 une loi nouvelle n'a pas été faite sur l'instruction primaire? N'était-ce pas l'acquittement ponctuel d'une des dettes contractées par le pouvoir nouveau, et l'un des plus grands bienfaits dont il pût doter le pays?

Est-ce qu'en 1836 un projet de loi sur l'istruction secondaire ne fut pas présenté par le Gouvernement et discuté par les chambres? Est-ce qu'il n'y fut pas discuté de nouveau en 1841? Est-ce qu'enfin, à l'heure où nous parlons, la discussion la plus large, la véritable discussion n'est pas ouverte, non-seulement dans le sein de la chambre des pairs, où ce projet a été présenté de nouveau, riche du résultat des premières délibérations, mais encore dans le presse et dans le public? Encore une fois, discutez librement, en discutant vous usez de votre droit; c'est seulement en outrageant que vous le dépassez.

Toutefois, nous ne saurions laisser passer ces discussions, ces plaintes contre le monopole, ces protestations en faveur de la liberté d'enseignement, sans vous soumettre, Messieurs, une réflexion quelles appellent.

A peine le gouvernement de la restauration s'était-il établi en France, que des hommes qui n'avaient rapporté avec elle que les souvenirs du passé et la haine du présent, sentant que l'Université était une force pour l'ensemble des institutions nouvelles, l'attaquèrent avec insistance, et, sauf la violence du langage, émirent ces mêmes idées qui forment le fond du système de M. Combalot. Il est bon que vous sachiez ce que disait alors un parti composé d'hommes honorables, sans doute, mais qui avait reçu communément et acceptaient le nom d'*ultras*; il faut que vous sachiez aussi ce que leur répondait un orateur, un publiciste éminent dont l'opinion avaient tant de poids dans les délibérations publiques, et dont le nom fait autorité pour tous les partis, aujourd'hui surtout que son éloignement des affaires, l'a désintéressé de la politique et de ses débats.

Voici ce que disaient les premiers, à la séance de la chambre des députés, du 31 janvier 1816 :

« Il n'y a de salut pour l'Etat que dans l'anéantisse-
« ment total de tout, absolument tout ce que la révolu-
« tion a engendré de contraire à la religion et de ce que
« *Bonaparte* a soutenu et propagé.... Les établissements
« révolutionnaires de l'Université sont tous réservés à
« l'athéisme, à l'immoralité, en un mot au génie funeste
« qui les a produits.... J'insiste, Messieurs, pour un
« nouveau mode d'instruction basé sur la religion....
« Que les petits séminaires soient multipliés, que chaque
« département ait le sien, même plusieurs, si la popula-
« tion l'exige ; ils peuvent se fonder à peu de frais. Cette
« seule partie du plan que je propose, partout où elle a
« été exécutée, a entraîné la ruine des établissements ré-
« volutionnaires ; aussi le *tyran* a-t-il toujours montré la
« plus grande aversion pour les petits séminaires ou
« écoles secondaires ecclésiastiques.... Qu'il me soit per-
« mis, en terminant, d'exprimer de bien vifs regrets à
« ces antiques établissements où des hommes simples et
« désintéressés formaient nos cœurs à la vertu ! hélas !
« elles ont disparu ces *florissantes congrégations*, mais
« elles subsisteront toujours dans notre souvenir. C'est
« assez vous exprimer les vœux que je forme pour leur
« retour. Oui, Messieurs, sans congrégations pas de par-
« faite éducation... »

C'est bien là, quant au fond, Messieurs les jurés, à peu près ce que vous avez vu dans la brochure.

Voici ce que répondait M. Royer-Collard :

« L'Université ne possède en propre aucune école, mais elle les gouverne toutes par une action plus ou moins étendue ; il n'y a aucun enseignement qui ne soit soumis à sa surveillance.

« L'Université, considérée sous ce grand point de vue, n'est autre chose que le gouvernement appliqué à la direction universelle de l'instruction publique aux colléges des villes comme à ceux de l'Etat, aux institutions particulières comme aux colléges, aux écoles de campagne comme aux facultés de théologie, de droit et de médecine ; l'Université s'est élevée sur cette base fondamentale que l'instruction et l'éducation publique appartiennent à l'Etat, et sont sous la direction supérieure du Roi. l'Université a donc le monopole de l'éducation à peu près comme les tribunaux ont le monopole de la justice, ou l'armée celle de la force publique.

« Les colléges royaux sont en butte à un système de diffamation suivi avec beaucoup de constance dans un esprit et une direction que tout le monde connaît, mais non avec ce succès qu'on s'était flatté d'obtenir. La preuve en est que le nombre des élèves pensionnaires ou externes s'y est considérablement accru cette année. Au lieu d'accuser vaguement ou d'alléguer les accusations des autres, qu'on articule des faits ; qu'on nous mette en état de confondre la calomnie, et elle sera confondue. Les colléges royaux n'ont pas à craindre l'examen le plus sévère ; quand ils y auront été soumis, il restera évident qu'ils soutiennent même avec avantage le parallèle avec les établissements les plus renommés de l'ancien régime, et pour le talent des professeurs, et pour la force des études, et pour l'enseignement et la pratique de la religion, et pour la pureté des doctrines et surtout pour la discipline et ce qu'on peut appeler la tenue intérieure, qui n'admet aucune comparaison avec ce qui existait autrefois. »

Messieurs, depuis que ces choses se passaient, vingt-cinq ans et plus se sont écoulés, et pendant ce temps, tous les efforts du Gouvernement (nous faisons à la restauration la part qui lui en revient, part que ne contestera pas la défense), tous les efforts des deux Gouvernements qui se sont succédé, des chambres, du conseil royal, de l'Université tout entière, ont tendu constamment à améliorer, à perfectionner tout le système de l'enseignement public, à le mettre de plus en plus en rapport avec tous les besoins scientifiques, religieux et moraux.

Et cependant, après vingt-cinq ans, les mêmes accusations reparaissent tout à coup, la même guerre est déclarée, seulement l'écrit que nous poursuivons la rend plus violente et plus implacable. N'est-ce rien, Messieurs, que cette coïncidence de pratiques et de langage? Pourrait-on n'être pas frappé de cette conformité de but et de pensée? et malgré sa physionomie particulière et l'empreinte propre qui lui vient de son auteur, l'attaque d'aujourd'hui ne semble-t-elle pas un épisode de la guerre d'autrefois? Quoi qu'il en puisse être, aujourd'hui comme autrefois, on peut répondre ce que répondait M. Royer-Collard; aujourd'hui comme autrefois, le bon sens public est là pour faire justice des prétentions exagérées : quant au jugement des outrages, c'est à vous, Messieurs, qu'il appartient ; voyons donc comment on se défend de ceux qu'on a commis?

On cherche à s'excuser sur l'intention qui, dit-on, était bonne, qui n'avait rien d'hostile et de malveillant. Quoi donc, est-ce à bonne intention que l'on a écrit : « Que l'Université corrompt les intelligences et déprave « les cœurs ; qu'elle ne fait que des libertins et des révo- « lutionnaires ; que ses écoles sont des écoles d'irréligion « et de libertinage; que les deux millions d'hommes « qu'elle a formés, depuis quarante ans, sont imbus « d'athéisme et d'immoralité ; que c'est un enfer, un lieu « suspect, une école de scandale et d'impureté ; que « l'aumônier n'y est admis que comme moyen de spécu- « lation et pour aider à tromper les familles, etc., etc. ? »

De pieux évêques, dit-on, ont ressenti la même indignation et tenu le même langage.

Nous répondons, pour l'honneur de l'épiscopat, que rien de semblable ne s'est trouvé dans ses paroles ou dans ses écrits. Sans doute des évêques, cédant à un zèle dont il ne nous appartient pas ici de mesurer les limites, ont vivement discuté et quelquefois attaqué ; mais ils ne se sont point laissé entraîner à l'outrage qu'on retrouve à chaque page de la brochure incriminée. N'invoquez donc point leur patronage, il vous ferait défaut ; ils peuvent s'intéresser au prêtre, regretter la position qu'il s'est faite ; mais à coup sûr, ils désavouent l'écrivain.

On a parlé des plaintes élevées par des hommes distingués, dont on a cité les noms, contre le régime de l'Université ; des aveux faits par quelques-uns de ses chefs sur les imperfections de ce régime, et sur les réformes qu'il serait utile d'y apporter : on a cité sur ce point des opinions de MM. Guizot, Dubois, Saint-Marc-Girardin. Encore une fois, de tout cela que peut-on induire, et qu'y a-t-il de commun entre cette délibération grave, intelligente et pratique, d'hommes aux bonnes intentions desquelles on croit, puisqu'on les cite, et des attaques dénuées de vérité et de mesure qui ont pour but de détruire et non d'améliorer, de diffamer et non d'avertir.

Messieurs les jurés, la défense a fini par un moyen qui nous a frappé et dont nous nous emparons à notre tour.

Nous avons pu, a-t-on dit, employer des expressions trop vives, mais tout ce que nous avons dit est vrai, et si nous en apportons les preuves, nous ne pouvons être condamnés. Ainsi le veut la loi.

Ce système est juste, Messieurs, et nous y adhérons; mais qu'on le remarque bien, il agrandit le débat, et au lieu d'un justiciable, il va vous en donner deux. Oui, si le prévenu apporte les preuves de ses allégations, il sera acquitté; mais s'il est acquitté, c'est que, par l'effet de sa preuve, l'Université sera condamnée. Nous savons bien que, même après un acquittement qui vous serait enlevé en quelque sorte, par des égards de situation et de personne, ou par d'autres considérations, vous, Messieurs les jurés, non plus que les hommes sérieux, ne regarderiez l'Université comme étant condamnée; mais aux yeux de la foule qu'on égare par de semblables publications, mais pour des adversaires déclarés, l'acquittement du prévenu serait bien la condamnation de l'Université. On dirait demain que vous vous êtes associés à ces reproches, à ces accusations dirigées contre elle, à tout ce que contient la brochure. Messieurs, est-ce là ce que vous voulez, et pouvez-vous le vouloir?

Ce que vous voulez, nous en sommes convaincu, c'est arrêter cette guerre d'injures et de diffamation qui n'a déjà que trop duré, et qui ne peut amener que de tristes représailles : il est en votre pouvoir de le faire aujourd'hui, par une décision pleine de justice et de fermeté. Gardez-vous de laisser continuer une dernière lutte ; elle est dangereuse pour tous! pour ceux-là surtout qui s'y précipitent avec tant d'imprudence : ils ne savent pas assez quelles passions ils excitent, et combien, plus tard, ils seraient impuissants à les maîtriser. Messieurs, c'est surtout cet intérêt supérieur à tous les autres, qui nous fait ici l'adversaire d'un homme dont nous condamnons les écarts, quelque respect que nous professions pour le caractère dont il est revêtu. Magistrat, nous renoncerions plutôt à nos fonctions que de rien souffrir contre la religion et contre ses ministres; mais en vous demandant une condamnation devenue nécessaire, nous croyons prendre les véritables intérêts de la religion, comme ceux de la justice et de la vérité.

M. DE RIANCEY. Messieurs les jurés, je n'avais pas l'intentiou de rentrer dans le débat. Mais comme l'a dit M. le procureur général, la discussion s'est élargie, et je dois le suivre sur le terrain où il s'est placé.

L'accusation vous a présenté l'Université comme gravement compromise en cette solennelle circonstance. Cherchant à exciter votre intérêt en faveur de cette grande institution, M. le procureur-général vous a fait entendre que vous laisseriez retomber sur elle tout le poids des condamnations dont vous déchargeriez l'accusé. Mais est-ce notre faute, en vérité, si un pareil résultat est atteint? Et si reproduire les actes et les leçons de l'Université est de nature à porter atteinte à son honneur et à sa considération, est-ce à nous qu'il faut s'en prendre? C'était notre droit, c'était notre devoir d'invoquer des témoignages, de citer des paroles qui sont tombées dans le domaine de tous. Mais ce n'est pas un crime, ce n'est pas un délit; parce que dire ce qui est la vérité, répéter ce que les chefs de l'Université avouent et proclament à la face du soleil, ce n'est pas diffamer! Enfin, si dans la vivacité de notre indignation nous nous sommes permis des expressions ardentes, ces expressions, conséquences naturelles des sentiments réveillés en nous, ne constituent pas un délit et ne sont pas des injures. Ici, la loi nous couvre de sa toute puissante protection!

Maintenant, je ne saurais passer sous silence les insinuations pénibles que M. le procureur-général a tenté de faire pénétrer dans vos esprits. J'avais essayé de conserver au débat le caractère qui lui appartient, j'avais essayé autant que mes forces me le permettaient, de vous présenter M. l'abbé Combalot, l'homme qui vient défendre devant vous les droits que sa double qualité de prêtre et de citoyen lui confère, de vous le présenter tel qu'il est, isolé de toute influence et de toute préoccupation étrangère. Vous avez dû remarquer que je n'avais pas répondu aux insinuations qui vous avaient été adressées en ce sens. On y est revenu, M. le procureur-général a semblé vouloir nous faire porter le poids de toute une époque; nous ne serions d'après lui que les représentants de ce qu'il y a eu de plus passionné dans les souvenirs de 1814. Je tiens à ce qu'une pareille pensée ne reste pas dans vos esprits.

Quand je vous ai dit que nous n'étions pas seuls dans notre cause, je m'attendais à ce reproche et je voulais le détruire par avance. Non, Messieurs, ce n'est pas d'hier qu'on proteste en France pour la liberté. La liberté d'enseignement, elle a été réclamée du jour où l'empire est tombé, trois ans à peine après la fondation du monopole! En 1811, l'Université avait reçu son dernier accomplissement, et dès 1814, sur les plaintes des familles, le gouvernement provisoire, avant même le retour du Roi, déclarait que les écoles avaient été fondées pour enlever aux pères le libre exercice de leur autorité sur leurs enfants, et un arrêté leur restituait leurs droits. Lorsque Louis XVIII rentra en France, son premier soin fut de publier une ordonnance qui reconnaissait au pouvoir paternel ses imprescriptibles prérogatives. Si, après les Cent-Jours, l'Université, ressuscitée par son fondateur, a survécu sous la seconde Restauration, ce n'a été qu'en vertu d'une ordonnance royale qui la maintenait *provisoirement*. Messieurs, le provisoire a duré depuis ce temps-là, et il dure encore. Avons-nous le droit de trouver le délai un peu long?

Je sais bien qu'à cette époque, l'Université, si fortement menacée, trouva des défenseurs et que M. Royer-Collard fut un de ses champions les plus ardents. D'autres aussi prirent en main la cause du corps auquel ils appartenaient. Mais au moins ne faisaient-ils pas défaut de reconnaître les vices de cette institution; au moins disaient-ils avec M. Guizot : *Née de l'Empire, l'Université a porté le poids de sa triste origine.* » Au moins rendaient-ils aussi hommage aux principes et répétaient-ils encore avec M. Guizot : « *L'instruction publique appartient à l'Etat, c'est-à-dire qu'il appartient à l'Etat d'*OFFRIR L'INSTRUCTION *à ceux qui veulent la recevoir de lui, et de* SURVEILLER *l'instruction dans les maisons où elle est l'objet de spéculations particulières.* » Instruction publique et liberté d'enseignement, c'est ce que nous avons toujours reconnu, c'est ce que nous nous faisons honneur de proclamer !

J'ai dit de plus que si la querelle n'était pas nouvelle contre l'Université, elle ne s'était pas interrompue depuis la création du monopole. Ecoutez si, depuis 1814 jusqu'à nos jours, ce n'a pas été un concert unanime de plaintes et de réclamations. En 1814, M. de La Mennais réclame contre le monopole; en 1817, c'est Benjamin Constant, dont je vous ai cité les paroles; en 1819, encore M. de La Mennais; en 1821, c'est une discussion entière à la chambre des députés à l'occasion du budjet; en 1823, un journal est poursuivi pour avoir attaqué ce que nous attaquons, le monopole universitaire. En 1829, ce sont MM. Duchâtel, Dubois, Pierre Leroux et tous les rédacteurs du *Globe* qui réclament contre le corps enseignant et pour plusieurs, il y avait du courage à agir ainsi, car plusieurs en étaient membres; en 1830, c'est M. Dupin qui défend M. Guillard, ce sont M. Odilon-Barrot, Raynouard, Desclozeaux, qui assistent M. Dubois dans sa lutte; en 1831, c'est le procès de l'école libre; en 1832, c'est M. de Cormenin et tant d'autres députés défendant à la Chambre la liberté d'enseignement; en 1833, toutes les voix s'élèvent à l'occasion de l'instruction primaire; en 1836 et en 1841, tous les évêques, sans exception, font entendre leurs justes réclamations; enfin, en 1844, vous voyez où en est le débat; l'atmosphère est toute chargée des plaintes et des protestations des citoyens; les pétitions assiégent les deux Chambres. Ainsi, nous ne datons pas d'aujourd'hui. Non, toujours nous avons défendu la cause de la religion dont nous sommes les ministres, la cause de la liberté dont nous sommes les échos. Voilà comment nous repoussons le reproche d'appartenir à aucun parti!

Ensuite M. le procureur-général est revenu sur les éloges qu'il donne à l'Université et il s'est appesanti avec complaisance sur la progression croissante du nombre des élèves. Messieurs, cette progression est toute naturelle et elle s'explique par deux raisons péremptoires : par l'augmentation croissante de la population et par le fait persistant du monopole. Il est clair que dans un pays où règne le monopole de l'instruction, où on ne peut pas aller la chercher ailleurs, dire que les élèves sont nombreux, c'est dire que le besoin d'instruction est grand, pas autre chose. Et si ce besoin est honorable pour la nation, les colléges n'ont pas droit de s'en enorgueillir.

Enfin et ce sera ma dernière réponse, l'accusation reproduisant un mot de M. Royer-Collard, à l'occasion des conséquences funestes de l'éducation universitaire, a répété: « mais citez des faits ? » Des faits! ah! nous aurions de terribles révélations à vous présenter, si nous avions voulu! Nous aurions pu appeler des témoins et vous auriez entendu des choses qui vous auraient fait dresser les cheveux sur la tête. Si nous avons reculé devant ces preuves accablantes, c'est par un sentiment de haute convenance, c'est parce que nous savons que selon la parole de M. Guizot, « le catholicisme est la plus grande école du respect qu'ait vu le monde. » Et aujourd'hui encore, en ce moment, si faisant appel à ma propre conscience, interrogeant les souvenirs de sept années de ma vie, passées dans un des premiers colléges de la capitale, souvenirs dont j'ai douloureusement gardé l'empreinte au fond de mon cœur, je voulais vous dire ce que j'ai vu, ce que j'ai entendu, mon premier devoir serait de demander à la cour de prononcer le huis-clos de cette audience, et me retournant vers cette immense assemblée, de répéter avec un magistrat célèbre : « Femmes et mères chrétiennes, sortez d'ici! »

Mais non, les fautes sont personnelles et nous ne voulons pas soulever ces voiles! Mais les institutions sont vicieuses et nous voulons les réformer. Et c'est pourquoi nous avons discuté l'Université et ses doctrines, c'est pourquoi nous avons montré aux yeux de tous les plaies qu'elle ne peut cacher au pays!

Maintenant, MM. les jurés, oubliez tout ce que je vous ai dit, tout ce ce qui a été prononcé dans le cours de ces débats. C'est votre devoir. Rentrez dans ce sanctuaire impénétrable de votre conscience que la loi protége, qu'elle ne permet jamais de violer, demandez-vous quel sera l'effet du verdict que vous allez prononcer. M. le procureur-général vous a dit : Si vous acquittez M. l'abbé Combalot, l'Université est condamnée; permettez que je vous dise à mon tour que, si vous condamnez, c'est la religion et la liberté que vous frappez par votre arrêt. Rappelez-vous quel est l'homme que vous avez devant vous; rappelez-vous dans quelle situation il s'est trouvé en face des doctrines dont il vous citera quelques mots tout à l'heure; demandez-vous si le prêtre, le missionnaire, l'apôtre n'a pas dû agir ainsi qu'il l'a fait, et, sur votre honneur et sur votre conscience, vous répondrez : « Non, l'accusé n'est pas coupable! »

M. LE PRÉSIDENT. M. Combalot, avez-vous quelque chose à ajouter à votre défense?

M. L'ABBÉ COMBALOT. Oui, M. le président.

En paraissant devant vous, messieurs les jurés, j'éprouve un saisissement dont je ne puis me défendre.

Je l'avoue, cette redoutable enceinte, ces magistrats sévères et respectés, cet auditoire, ce banc, qui devient la seule chaire où je puisse paraître, pendant ces jours qui m'appelaient à l'honneur de porter la parole devant des populations recueillies, tout cela est bien nouveau pour moi. Mais ai-je le droit de me plaindre? ne dois-je pas bénir plutôt ma destinée, puisqu'il m'est enfin donné de boire au calice des glorieuses humiliations de mon Dieu?

Je me rassure donc, Messieurs; je me rassure dans la sainteté de ma cause. Le sanctuaire de la justice est un temple ouvert en ce jour à la parole du prêtre. Je vais donc continuer mon apostolat, et, en me défendant, même après l'éloquente plaidoirie de mon jeune et courageux avocat, je viens défendre la liberté de ma foi, c'est-à-dire ce qu'il y a de plus intime et de plus sacré.

Cédant au cri de ma conscience et au plus impérieux

devoir de mon ministère, j'ai publié un mémoire sur la question capitale de la liberté de l'enseignement.

Nourri dès mon enfance des maximes de la foi catholique, et convaincu que la philosophie propagée dans les livres des chefs du corps enseignant tend à éteindre toute foi religieuse au cœur de la jeunesse, j'ai jeté un cri d'alarme, et répandu dans le sein des chefs spirituels de nos églises les craintes qui désolent mon zèle et tourmentent mon cœur.

En m'adressant directement à mes supérieurs hiérarchiques, je consultais leur sagesse, je demandais à leur puissance toute spirituelle des remèdes contre l'une des plus profondes plaies qui aient jamais ravagé une nation.

N'était-ce pas le droit d'un prêtre, appelé, par son ministère, à sonder les plaies morales de l'homme, et voué, par état, à la recherche des moyens qui peuvent les guérir?

En soumettant à mes pères dans le sacerdoce les pensées de ma foi et les angoisses de ma charité, n'invoquais-je pas les lumières des juges que l'Église m'a donnés pour réprimer les écarts de mon zèle, si j'avais eu le malheur d'en dépasser les bornes, ou d'en exagérer l'expression?

Je n'ai garde toutefois, Messieurs, de chercher un abri contre votre autorité et contre votre justice. Dogmatiquement étrangère aux divers cultes qu'elle protége, la constitution politique qui vous a faits mes juges, vous donne cependant le droit de vous enquérir si le prêtre catholique a injurié les membres du corps enseignant, en accusant leurs doctrines philosophiques de renverser par leur base, les dogmes divins qui forment le symbole religieux des nations régénérées par le Christ.

Convenez, Messieurs, qu'il n'y eut jamais rien de pareil dans les événements d'ici-bas. Mon mémoire reproche à la philosophie universitaire de substituer au principe générateur de la foi catholique une théorie de doute et d'erreur. Une question de haute théologie est devant vous. D'un côté, la révélation, la divinité de Jésus-Christ, l'Église et ses enseignements; de l'autre, l'éclectisme et le panthéisme, propagés par la philosophie des princes de la science universitaire.

Et cet immense débat est porté, non plus devant une assemblée d'évêques, mais au tribunal de douze citoyens, à qui le droit public qui nous régit ne me permet pas de demander s'ils ont avec le prêtre, une même religion et une même foi.

Sur quel terrain faut-il donc me placer pour vous mettre à mettre à même, messieurs les jurés, de porter un jugement consciencieux et éclairé sur les questions fondamentales, soulevées dans mon mémoire, et dont l'examen cependant est rigoureusement nécessaire pour apprécier la réalité ou le néant des délits qui me sont imputés par le ministère public?

Ce terrain est celui de la constitution même.

C'est dans ce cercle que je viens m'enfermer avec vous, convaincu qu'au flambeau de la constitution, vous comprendrez que tous les délits dont on m'accuse, tombent et s'évanouissent aussitôt qu'on les pèse dans la balance de notre droit public.

Chose admirable! douze citoyens consciencieux, à l'aide d'une constitution politique qui protége également des cultes qui s'excluent et n'en reconnaît dogmatiquement aucun, peuvent prononcer aujourd'hui un arrêt capable de commander l'admiration et la reconnaissance de toutes les nations civilisées de la terre! Douze citoyens peuvent décider, au sein de la première nation de l'univers, le triomphe de la vérité sur le mensonge, de la liberté sur l'arbitraire, de la paix sur la guerre la plus dangereuse qui ait été faite encore à la liberté de la conscience!

Non, messieurs les jurés, jamais l'ambition humaine, quels qu'en eussent été les mouvements dans votre âme, n'aurait pu vous donner l'espérance de rendre au catholicisme et à la société un service d'une si haute importance et d'un si grave intérêt.

J'ai attaqué le monopole de l'enseignement, parce qu'il est en contradiction avec la lettre et l'esprit de la Charte, seule base aujourd'hui de notre droit public.

L'article 5 de la constitution déclare que :

« Chacun professe sa religion avec une égale liberté, et obtient pour son culte la même protection. »

L'art. 69 ajoute :

« Il sera pourvu successivement, par des lois séparées, « et dans le plus court délai possible, aux objets qui sui-« vent... (n° 8) l'instruction publique et la liberté de l'en-« seignement. »

Or, je le demande au bon sens et à la conscience, le monopole de l'enseignement est-il compatible avec ces articles de la Charte constitutionnelle?

Si tous les Français, quelle que soit leur foi religieuse, sont forcés de demander, pour leurs enfants, l'instruction et l'éducation à un corps qui ne peut professer dogmatiquement toutes les religions légalement reconnues par le pacte fondamental sans les abjurer toutes, sans les confondre toutes dans un même dédain ou dans une même indifférence, comment les familles catholiques, protestantes et israélites, qui forment la totalité de la nation, pourront-elles se promettre que leur foi religieuse sera celle des innombrables enfants que le monopole arrache de leur sein pour les façonner à son image.

Dira-t-on que le même professeur dans un collége, que le même instituteur primaire dans une commune, enseignera simultanément aux diverses fractions religieuses qui composent sa classe, les notions de leurs cultes respectifs? Mais le maître, en agissant ainsi, proclamerait lui-même son apostasie et son athéisme, car il ne peut évidemment croire et professer en même temps, des religions qui s'excluent et qui se combattent.

Ajouterait-on que les instituteurs primaires et les professeurs des colléges du monopole éviteront soigneusement de parler religion aux élèves des divers cultes légaux rassemblés dans la même classe? Mais la chose est impossible, parce que la religion, quoi qu'ils fassent, se mêle à tout ce qu'un maître enseigne, et qu'en outre l'athéisme pratique de celui qui enseigne serait la ruine de la foi religieuse de ceux qui sont enseignés.

Ainsi, Messieurs, ou le législateur a voulu que l'enseignement fût libre, ou il faut dire qu'il a eu le dessein de précipiter la nation dans l'abîme de l'indifférence religieuse, qui n'est qu'un athéisme déguisé. Mais une pareille induction serait le plus sanglant outrage fait à la Charte de 1814, amendée en 1830 par les deux chambres, et jurée par le roi.

La liberté de l'enseignement est donc un corollaire nécessaire et logique de la liberté des cultes; tel est l'esprit de la constitution. Cette liberté, en outre, a été solennellement promise; elle devait nous être donnée dans le plus court délai possible.

Or, n'est-il pas étrange que quatorze années se soient écoulées sans que l'enseignement ait vu accomplir cette promesse solennelle? N'est-il pas étrange que ce premier besoin d'une grande nation ne soit point encore satisfait, qu'il ne soit pas même une espérance, si, ce qu'à Dieu ne plaise, la loi présentée naguère à la Chambre des pairs venait à nous être imposée?

Si l'article 69 de la Charte, qui promettait aussi que le jury serait appliqué, dans le plus court délai, aux délits de la presse, était demeuré sans accomplissement, comme il en a été par rapport à la liberté de l'enseignement stipulée dans le même article, où en serions-nous?

Un cri de réprobation n'aurait-il pas éclaté de toute part?

L'état protége également tous les cultes, et il n'en professe aucun. L'État, comme État, n'a point, ne peut point avoir de foi religieuse. Il n'y a point aujourd'hui de religion d'État.

La constitution refuse donc à l'Etat le monopole de l'enseignement.

Protéger la liberté des cultes et la liberté de l'enseignement; punir les délits prévus par les lois; maintenir une liberté égale pour tous, entière pour tous, sincère pour tous, voilà la mission de l'Etat : le pacte social ne lui en donne, ne lui en reconnaît point d'autre.

Et si j'insiste, Messieurs, sur ces considérations de droit public, c'est que l'Eglise de France, comme tous les autres cultes reconnus, ne demande rien de plus, mais ne veut rien de moins que l'accomplissement religieux et sincère de la Charte.

Pour moi, je le déclare sans détours, là est ma foi politique. La charte, qui nous régit, n'est ni catholique, ni protestante, ni juive. Voulant, dans l'état actuel des choses, protéger également tous les cultes, elle se serait détruite elle-même, si elle eût proclamé une religion d'Etat. Ce fut, à mon sens, le tort de la Charte de 1814, qui ne comprit pas que l'Etat n'a rien de mieux à faire, dans la situation actuelle de l'Europe, que de ne se mêler en aucune manière des questions dogmatiques et religieuses.

L'Eglise catholique, sans aucune doute, souhaite que tous les enfants de la nation, comme tous les enfants de la famille humaine, arrivent à la connaissance et à l'amour de Jésus-Christ, qu'elle seule possède pleinement; mais ce n'est point par des faveurs légales, par des protections exclusives qu'elle amènera le monde aux pieds de Dieu. L'Eglise a triomphé de la tyrannie du glaive, elle a vaincu les faveurs, plus pesantes peut-être, de protecteurs couronnés; elle vaincra désormais par la liberté et ce sera là son plus beau, son plus magnifique triomphe.

Quelques esprits arriérés s'étaient imaginé que le dogme politique de l'égalité constitutionnelle de tous les cultes tuerait le catholicisme. Le contraire aura lieu, j'en ai l'invincible conviction.

La liberté des cultes ne tuera que l'erreur.

Ainsi, ce serait calomnier l'Eglise de France que de s'imaginer qu'elle est hostile à la lettre et à l'esprit de la constitution.

Je suis certain que la Charte n'a pas d'amis plus sincères et plus dévoués que le clergé français. Pourquoi? Parce que le loyal accomplissement de la Charte laisse à l'Eglise toute sa liberté d'action, toute la plénitude de sa puissance régénératrice sur les âmes. Les amis du monopole, je le sais, cherchent à persuader au pouvoir que le corps universitaire est le gardien des principes constitutionnels; mais c'est là une grave erreur.

Le monopole universitaire ne vit que de l'esprit des décrets du régime impérial; il vicie dans la conscience des peuples le principe du droit public.

Destructeur de la Charte, le monopole de l'enseignement l'est aussi de toute religion.

Toute religion, en effet, Messieurs, repose sur un enseignement. Toute religion, même la plus imparfaite, a conservé quelques débris des vérités divines et sociales.

Et, pour préciser les choses, le catholicisme possède un symbole immuable, une constitution divine, une législation divine, une législation descendue du ciel.

Le protestantisme, à quelque degré de variabilité où l'ait conduit le principe de l'examen privé, admet encore une portion de l'élément divin et révélé.

Le judaïsme lui-même croit à Jésus-Christ, au moins comme on croit à une espérance. Or, le catholicisme, le protestantisme et le judaïsme s'excluent radicalement. Mais si une corporation prétend s'emparer, au nom de l'Etat, de la direction *exclusive* de l'éducation, comment s'y prendra-t-elle pour laisser à chacun le libre et parfait exercice de sa foi religieuse?

Le monopole contraint les catholiques, les protestants et les juifs, à venir chercher les enseignements de la philosophie, de l'histoire, des sciences, de la morale, des lettres, dans les mêmes établissements.

Cela, Messieurs, est déjà une grave atteinte à la liberté de conscience garantie par la Charte; car les catholiques, les protestants, les juifs, qui tiennent sincèrement à leurs cultes respectifs, ne veulent pas que leurs enfants soient exposés, par un contact de tous les instants, à prendre en mépris leur culte ainsi traité par le monopole.

D'un autre côté, le ministre Grand-Maître de l'Université, dans l'état actuel de notre législation politique, n'a pas à s'enquérir de la foi religieuse des instituteurs primaires et des professeurs nommés par lui.

Ont-ils satisfait aux conditions universitaires? sont-ils munis des grades exigés? il les nomme. Mais il n'a pas le droit légal de leur demander à quelle religion ils appartiennent. Ces instituteurs et ces maîtres peuvent être, légalement parlant, catholiques, protestants, juifs, indifférents même à toute religion; le Grand-Maître n'a rien à voir à ces choses-là.

Cette nécessité fatale où est le corps enseignant, d'ouvrir ses chaires à des hommes qui peuvent être hostiles à la foi religieuse des enfants de la nation, n'expose-t-elle pas les familles catholiques, protestantes et juives, pour lesquelles la religion n'est pas un vain mot, à voir leurs enfants perdre ce que l'homme a de plus cher, c'est-à-dire la loi de son âme et les principes de ses immortelles espérances?

L'âge de la première enfance est celui des impressions les plus vives et les plus durables. Et n'est-il pas certain que l'instituteur et le maître exercent un empire pour ainsi dire irrésistible sur les enfants qui leur sont confiés? Catholiques, protestants, juifs, sont mêlés et confondus dans la même école primaire, au pied de la même chaire de ce professeur; mais comment s'y prendra-t-il pour parler à chacun la langue de son âme et de sa foi? Comment s'y prendra-t-il pour faire apprécier à chacun les faits religieux de son histoire? Comment s'y prendra-t-il pour traiter les problèmes de la vie morale, d'après les données religieuses de trois symboles qui s'excluent? S'il parle religion (et peut-il ne point en parler?) il blesse la conscience de ceux de ces enfants qui ne partagent pas ses croyances; s'il se tait, il les pousse à l'indifférence religieuse, maladie désespérée de l'âme, dernier terme de l'impiété.

Donc, Messieurs, ou le monopole de l'enseignement tombera devant la liberté religieuse proclamée par la Charte, ou la France sera précipitée dans la barbarie de l'athéisme.

L'aumônier, le ministre protestant et le rabbin juif ne peuvent rien pour paralyser les inévitables conséquences du monopole de l'enseignement. Le professeur d'un collége, l'instituteur primaire tient dans sa main l'âme de tous les enfants qui lui sont confiés, et nulle puissance humaine ne peut l'empêcher de vicier ou de démolir leurs croyances. La liberte donc, Messieurs, la chute du monopole, ou la guerre, une guerre incessante, éternelle, entre la foi religieuse de la nation et une institution radicalement subversive!...

C'est la vue des incalculables malheurs dont le monopole menace l'avenir religieux de la France, qui m'a fait pousser ce cri de douleur que M. le ministre de l'instruction a dénoncé à la justice, comme un outrage et une sorte de conspiration contre les hommes chargés seuls, parmi nous, de toutes les destinées morales et religieuses des jeunes générations.

Mais si les cultes protestants, et la société juive elle-même, ont droit de réclamer l'abolition du monopole; si cette minorité de la nation ne peut pas être dépouillée de la liberté légale de donner à ses enfants une éducation qui soit en harmonie avec les croyances qui lui restent, permettez-moi de vous demander, Messieurs, si 33,00,000 de catholiques peuvent être légitimement frustrés de ce même droit?

Ici, Messieurs, le débat s'agrandit et s'élève à des proportions immenses. Le ministère public m'a arraché momentanément aux chaires, qui depuis vingt-quatre ans, sont ouvertes à mon zèle et à ma foi; mais je lui rends grâce de m'en avoir élevé une aujourd'hui, du haut de laquelle je puis glorifier mon Dieu et faire entendre dans cette enceinte les accents de son immortel symbole.

L'Eglise catholique, vous le savez, enseigne, elle a fait croire au monde, depuis deux mille ans tout-à-l'heure, qu'il existe un seul Dieu éternel, infini, tout-puissant. Selon les divines et saintes révélations, le Dieu de la foi catholique réalise éternellement une trinité de personnes divines, dans l'indivisible unité de son inaccessible essence.

Ce Dieu trois fois saint a tiré l'univers, non de sa

substance, mais du néant, par un acte de sa toute-puissance.

Au commencement des temps, il fait l'homme à son image, il enrichit sa nature des dons les plus excellents de sa munificence ; il lui donne une âme immortelle, et il lui ouvre, par la foi et par la grâce, l'espérance de contempler, après une épreuve passagère, les immortelles splendeurs de sa divine essence.

Séduit par les insidieuses promesses de l'antique serpent, l'homme tombe, il se révolte contre son créateur, et il perd, pour lui-même et pour sa postérité tout entière, le don surnaturel de la grâce et l'héritage d'une immortelle félicité. Mais le Verbe divin, ému de pitié à la vue des ruines de l'homme, conçoit le dessein de les réparer ; il contemple les malheureux enfants d'Eve, dans la nuit de leur décheance, et son amour le presse de sauver ces tristes victimes de la justice éternelle. Ce serait trop peu cependant de borner sa clémence au pardon des coupables. Il veut les rétablir dans les droits qu'ils ont perdus.

Quand les temps marqués par les saints oracles sont accomplis, le Fils de Dieu s'incarne au sein d'une Vierge ; il devient fils d'Adam pour nous faire devenir nous-mêmes les enfants de Dieu ; et pour consommer ce dessein d'éternelle sagesse et d'incommensurable amour, victime volontaire, il prend sur lui les iniquités de tous ; glorificateur divin des faiblesses, des souffrances et des misères de l'homme déchu, il expie sur un gibet les crimes de la race humaine. Vainqueur de la mort, il sort du tombeau, se fait voir et toucher à ses premiers disciples ; il les affermit dans la foi de sa résurrection; et, avant de remonter dans sa gloire, il fonde son Eglise; revêt ses apôtres de son esprit, leur laisse les sacrements de sa grâce, et, après une dernière bénédiction, il leur commande de s'en aller, la croix à la main et la charité dans le cœur, conquérir à la foi de son Evangile les nations sauvées par son sang.

A dater de ce jour, tout change sur cette terre, l'immortelle hiérarchie, dont Pierre, toujours vivant dans son successeur, est le centre éternel, rayonne sur le monde.

Ni le fanatisme des sophisthes et des prêtres du paganisme, ni les rugissements des tigres de l'amphithéâtre, ni la haine des bourreaux couronnés, ne peuvent en arrêter l'essor.

Toujours attaquée et toujours victorieuse, l'Eglise de Jésus-Christ renverse le paganisme, confond l'hérésie et s'affermit dans la lutte. Et, après dix-huit siècles révolus, elle présente à l'univers le spectacle de son unité, de son universalité, de son indestructible existence et de son action régénératrice sur toute âme docile, qui veut s'affranchir de l'erreur et du mal, à l'aide de son symbole, de la grâce cachée de ses sacrements, des préceptes divins de son Evangile, de ses espérances et de ses terreurs...

Cette haute et transcendante philosophie, Messieurs, a changé le monde. Elle a consolé le faible et adouci le fort; attendri le riche et guéri les misères du pauvre. Elle a ramené sur cette terre, la sainte égalité des âmes, la foi, la charité, l'oubli des injures, et l'espérance d'une destinée seule capable de soutenir l'homme au milieu de l'immense ennui que sa poitrine soulève, et des souffrances qui assiégent sa vie.

Tel est en substance, Messieurs, le sommaire des vérités divines, révélées à la terre par Notre-Seigneur Jésus-Christ. Tel est le fidèle abrégé des enseignements confiés à son Eglise.

Or, remarquez, je vous prie, que ces enseignements sont d'un Dieu; qu'il n'est ni permis, ni possible à l'homme d'en modifier, d'en changer ni l'essence, ni la tradition.

Le catholicisme n'emprunte rien à la philosophie humaine. La foi catholique est complétement indépendante des aperçus et des inductions de la raison. Pour être chrétien catholique, il faut croire d'une foi invincible toutes les vérités révélées à la terre par le Fils de Dieu, et confiées par lui au pontificat suprême et à la hiérarchie des premiers pasteurs. L'Eglise, appuyée sur d'irréfutables témoignages et sur les miracles de son divin fondateur, a reçu ces vérités adorables, et l'éternité s'écoulerait avant que ce dépôt sacré se fût altéré dans ses mains.

Ces hautes vérités, je le sais, confondent la raison curieuse et superbe de l'homme qui ne veut relever que de lui-même; elles gênent surtout les mauvais penchants de son âme.

Pour en faire la conquête, il faut captiver sa raison sous le joug de la foi, et c'est là le mérite de la vertu. C'est par là que la créature intelligente et libre concourt elle-même à son affranchissement divin; et sous l'empire d'une grâce toute miséricordieuse, travaille à bâtir l'édifice immortel de sa gloire.

Prétendre que la raison ne doit, dans l'ordre de nos destinées, consulter qu'elle-même; qu'en elle, et en elle seule, est la source de toute vérité et de toute lumière; qu'elle a droit de discuter avant de les admettre, la substance interne des vérités révélées, et qu'elle n'est tenue de les croire qu'après les avoir comprises, c'est anéantir par sa base même l'ordre suprême, l'ordre surnaturel des saintes révélations.

Si Dieu avait voulu que la raison de l'homme fût seule chargée de construire le symbole des croyances nécessaires à sa destinée, il les aurait écrites dans sa nature, il les eût gravées dans ses entrailles. Mais au point de vue catholique, il ne pouvait en être ainsi. Car l'essence de la foi est de nous transmettre un ordre de vérités infiniment élevées au-dessus des inductions et des découvertes de la raison.

La foi catholique nous impose un symbole dont les données sublimes n'étaient connues que de Dieu seul. L'objet propre de la foi est de nous apporter la notion des secrets éternellement cachés dans la pensée de Dieu. Or, je le demande, quel est l'homme assez aveugle et assez coupable pour reprocher à Dieu de nous avoir initiés, par la foi, aux desseins de son éternelle sagesse, en attendant que, fidèles à sa grâce, pendant l'épreuve qui s'accomplit dans les saintes obscurités de la révélation, il nous soit donné d'en comprendre pleinement l'objet suprême, au séjour de la félicité.

Ces mystères seront à jamais impénétrables à toute intelligence qui n'est pas éclairée au rayon de la gloire. Ils sont l'objet, non de la vision interne de l'âme, mais de son adhésion à la parole divine, confiée à l'Eglise, par Jésus-Christ, qui l'assiste, la dirige, l'éclaire et la soutient de son divin esprit, malgré les conspirations de l'orgueil de l'homme et les sophismes de sa raison pervertie. Croire ces vérités inaccessibles sur l'autorité infaillible de l'Eglise, y conformer sa vie entière, les confesser de bouche, les proclamer par ses œuvres, là, Messieurs, est toute la destinée de l'homme et du chrétien.

Mais si des systèmes de philosophie radicalement distincts de ces principes éternels, de cette divine théorie de la foi, venaient à se produire au sein d'une société catholique; si ces systèmes tentaient d'envahir le domaine de la théologie sacrée; si une philosophie rationaliste, panthéiste ou sceptique, prenait, dans les écoles, la place des enseignements de la révélation; si de pareils systèmes pénétraient les livres et les enseignements philosophiques du corps chargé seul d'élever la jeunesse catholique d'une nation, appelée la fille aînée de l'Église, je le déclare, Messieurs, la ruine de la foi au sein de cette nation deviendrait inévitable.

Mettez, en effet, dans l'âme des jeunes générations une erreur destructive de toute foi surnaturelle et révélée; persuadez-leur que la théologie de la raison est fondamentalement hostile à la théorie de la foi, et vous les verrez se précipiter, avec une sorte de fureur, dans des systèmes qui viennent délivrer la conscience des craintes dont la foi menaçait les passions.

Heureux des conquêtes d'une philosophie sceptique, vous les entendrez chanter leur victoire sur les ruines de leurs croyances, ou si une foi importune les gêne encore, et remue à de rares intervalles les terreurs de l'âme, vous les verrez se hâter d'en engloutir les restes, au service des penchants coupables qu'elle ne gênera plus.

Vous venez d'entendre l'histoire des lamentables conquêtes des théories enseignées par les chefs et par les représentants de la philosophie universitaire.

Oui, Messieurs, la philosophie prêchée, enseignée depuis plus de vingt-cinq ans dans les cours publics, et consignée dans les livres des hommes chargés, parmi nous, de la direction des études philosophiques, est une guerre permanente contre l'ordre entier des vérités saintes, dont j'esquissais, il n'y a qu'un instant, le tableau devant vous.

Les écrits des directeurs, des professeurs de l'École normale, ce séminaire d'où sortent tous les professeurs des chaires philosophiques des colléges royaux, peuvent être mis sous vos yeux, messieurs les jurés. Vous allez vous convaincre par les citations les plus péremptoires, les plus claires, les plus irrécusables, qu'une armée de philosophes travaille, avec une infatigable persévérance, à éteindre la foi au cœur de la jeunesse.

« La *raison* est donc, à la lettre, une *révélation*, une révélation nécessaire et universelle, qui n'a manqué à aucun homme, et a éclairé tout homme à sa venue en ce monde.... *illuminat*, etc...

« La *raison* est le *médiateur* nécessaire entre Dieu et l'homme, ce λογος de Pythagore et de Platon, *verbe* fait chair, qui sert d'interprète à Dieu et de précepteur à l'homme, *homme à la fois et Dieu tout ensemble.* » (M. Cousin, *Fragments philosophiques.* Préface de la première édition, p. 78.)

« La pensée dominante de ma vie a été de reconstruire les croyances éternelles avec l'esprit du temps, et d'arriver aussi à l'unité, mais par la route de la méthode expérimentale. » (M. Cousin, *Fragments philosophiques*. Préface de la première édition, p. 82.)

« La philosophie est donc la lumière de toutes les lumières, l'autorité des autorités. » (M. Cousin, *Introduction à l'Histoire de la Philosophie*. Première leçon, p. 24.) (Première leçon, 17 avril 1828.)

« Le droit comme le devoir de la philosophie (sous la réserve du plus profond respect pour les formes religieuses) est de ne rien comprendre, de ne *rien admettre* qu'en tant que vrai en soi, et sous la forme de l'idée.... » (M. Cousin, *Introduction à l'Histoire de la Philosophie*. Cinquième leçon, 140.)

La notion de la foi catholique niée, méconnue par M. Damiron. La raison admise seule... et ses droits placés au-dessus de la foi, de la révélation.

« L'*éclectisme* en agit de même avec le catholicisme. Il n'en repousse ni n'en admet toutes les données, *tous les dogmes*... Il n'est, à son égard, ni croyant ni crédule. Il est critique impartial... Le dogme du péché originel ne l'effraierait même pas, pourvu qu'en place d'un mystère que sa raison ne comprend point, il y trouve une connaissance de haute philosophie. » (Damiron, *Essai sur l'Histoire de la Philosophie en France, au dix-neuvième siècle*. Deuxième édition. Paris. Tom. I, p. 26.)

« En religion, il entrerait dans les mêmes accommodements, mais aux mêmes conditions. Il accepterait de la théologie tout ce qu'elle enseigne de Dieu et de l'immortalité de l'âme, moins ce qu'elle mêle à ces vérités de son mysticisme sur *la nature et la destinée de l'homme.* » (T. I, p. 27.)

« Les idées venues par *révélation*, ne sont pas des connaissances, quoiqu'elles aient de la vérité au fond. C'est plutôt de la poésie. Elles en ont tout le caractère. » (T. II, p. 229-22.)

« Ainsi, sous quelque rapport qu'on la considère, la tradition ne semble pas destinée à être la source où doivent puiser leurs connaissances des esprits mûris par la réflexion... Pour arriver à la vérité exacte, en philosophie comme en toute autre chose, nous n'avons pas à prendre le long chemin de l'érudition, mais à suivre tout simplement la méthode de l'observation et du raisonnement. » (T. II, p. 247-222.)

Comment finissent les dogmes. (*Globe*, 21 mai 1825. *M. Jouffroy... Mélanges philosophiques...* Paris, t. II, p. 563.)

L'ordre entier des dogmes révélés anéanti par Jouffroy.

Le dogme... ne présente plus à la bonne foi du scepticisme naissant, qu'un assemblage informe de vieux symboles mutilés, à travers lesquels le sens primitif ne perce plus. » (p. 5.)

« Le vieux dogme est condamné comme n'opposant plus aux bons raisonnements (p. 10) que des subtilités et des passions.... Le peuple passe contre lui de l'indignation au mépris ; on le haïssait, il devient ridicule. » (p. 11.)

« Une génération nouvelle s'élève qui a pris naissance au sein du scepticisme... Pour elle le vieux dogme est *sans autorité*, pour elle le scepticisme a raison contre lui... » (p. 21.)

« Ainsi s'accomplit la ruine du parti de l'ancien dogme, et l'avénement du nouveau ; quant au vieux dogme lui-même, il est mort depuis long-temps. » (p. 27.)

M. LE PROCUREUR-GÉNÉRAL. M. l'abbé Combalot, quel est l'ouvrage de M. Jouffroy que vous citez?

M. L'ABBÉ COMBALOT. Ce sont *les Mélanges philosophiques*, deuxième édition.

M. LE PROCUREUR-GÉNÉRAL. Savez-vous à quelle époque cet ouvrage a été publié?

M. L'ABBÉ COMBALOT. Certainement M. le Procureur-général.

M. LE PROCUREUR-GÉNÉRAL. J'ai voulu savoir si vous connaissiez la portée de cette citation. Vous savez l'histoire de cet ouvrage. C'est l'ouvrage d'un homme qui n'est plus, c'est mon respect pour un homme qui n'existe plus, c'est cette considération seulement qui me fera reprendre la parole, et donner des explications qui viendront démontrer que le reproche articulé par vous, contre lui, ne doit pas peser sur sa mémoire. Continuez.

M. L'ABBÉ COMBALOT. « C'est parce que le brahmisme, le christianisme et le mahométisme, sont trois religions complètes et vraiment originales, que les civilisations des peuples qui les professent, sont vraiment différentes. » (M. Jouffroy, *De l'état actuel de l'humanité*, p. 97.)

« Les sectes d'une religion ne sont point des altérations, mais des développements, et peut-être des *perfectionnements* de son principe. » (*Ibid.*, p. 98.)

« Il n'y a point de repos pour l'humanité, du jour où elle ne possède plus une solution qu'elle puisse regarder comme vraie, du problème de sa destinée. » Ces paroles sont tirées de son discours d'ouverture du cours de morale de 1830 à 1831. (*Problème de la destinée humaine*, p. 434.)

Prophétie d'une religion nouvelle.

Les chefs de l'éclectisme proclament la venue prochaine d'une nouvelle religion... qui sera purement philosophique.

« Il est donc pressant, Messieurs, de pourvoir à ce besoin de *croyances* nouvelles qui se fait déjà sentir dans les classes éclairées. » (*Problème de la destinée humaine*, p. 439.)

« *Il faut*... de nouveau poser l'éternel problème, et chercher la nouvelle solution qu'il attend. Quelle sera cette solution ? Je l'ignore. La seule chose que je puisse affirmer, c'est que, loin de détruire la précédente, elle la contiendra. Quant à la question de savoir si cette solution sera religieuse ou philosophique, peut-être n'est-il pas impossible de le prévoir. » (*Ibid.*, p. 439.)

« On a si complétement battu en ruine ce principe de croyance qu'on appelle *révélation*, *foi*, *autorité*, qu'il me paraît difficile qu'en France, et dans l'époque actuelle, une nouvelle solution puisse se produire et s'accréditer sous la *forme religieuse...* » (*Ibid.*, p. 439.)

« Croyez-vous que dès l'époque actuelle une solution pourra être proposée à l'acceptation des masses, à ce titre qu'elle a été révélée? » (*Ibid.*, p. 440.)

« Il ne reste donc, selon moi, pour venir au secours de la société menacée, qu'une seule voie, qu'un seul moyen; c'est d'agiter philosophiquement ces redoutables problèmes, dont il lui faut *nécessairement* une solution... » (*Ibid.*, p. 441.)

«..... Je ne vous promets de ces problèmes ni des solutions complètes, ni des solutions incontestables... Je suis arrivé à des convictions sur beaucoup de points, à des doutes raisonnés sur les autres... Ces convictions et ces doutes, je vous les dirai... heureux si ces convictions ébauchées peuvent servir un jour à construire l'édifice... » (*Ibid.*, p. 441-442.)

« C'est par une loi nécessaire qu'une doctrine se produit... C'est par une loi nécessaire qu'elle passe quand sa mission est terminée... Celle du Christianisme me semble avoir été d'achever l'éducation de l'humanité, et de la rendre capable de connaître la vérité *sans figure*, et de l'accepter *sans autre titre* que *sa propre évidence...* Dès que cette œuvre est terminée dans un esprit, il est nécessaire que le Christianisme s'en retire; mais, en se retirant, il emporte avec lui le germe de toute foi, et ce n'est jamais une religion nouvelle, c'est toujours la philosophie qui lui succède. » (*Ibid.*, p. 443.)

Une religion nouvelle, purement philosophique, annoncée par M. Damiron.

« Ne viendra-t-il pas une autre époque.... où une croyance nouvelle, héritière et fille du Christianisme, en reproduira les dogmes... C'est un doute qu'exprimait au siècle dernier un écrivain... de nos jours, enfin, il s'est à peu près converti en certitude.

« Cette croyance ne se prêchera plus, elle s'enseignera et se démontrera au lieu de s'imposer... On sera donc théologien comme on sera physicien et philosophe.... On étudiera Dieu par la nature et par l'homme, et *un nouveau messie* ne sera pas nécessaire pour nous enseigner *miraculeusement* ce que nous serons en état d'apprendre de nous-mêmes et par nos lumières naturelles...

« Quant aux points nouveaux sous lesquels se présenteront les dogmes, il serait difficile de les annoncer. On ne prophétise pas un *credo*, on l'attend. Il se fait et on le reçoit... La science du créateur nous viendra de celle de la nature morale et de la nature physique... » (*Ex. de l'Hist de la Phil...* Tom. I, p. 241-2-3.)

« Notre destinée est bien claire. Il nous faut devenir savants pour redevenir chrétiens, ou, si l'on veut, pour le devenir par théorie, comme nos pères l'étaient par sentiment et d'inspiration.

..... « Travaillons, mais que ce soit sans préjugé et sans parti pris... faisons nos recherches pour elles-mêmes, et comme si nous ne devions rien trouver au-delà ; arrivons en quelque sorte, sans vouloir arriver à rien...

« Est-ce ainsi, dira-t-on, qu'il faut aussi diriger les idées du peuple? Pourquoi pas?... » (T. I, p. 245-6.)

Négation du dogme de la notion catholique de Dieu.

M. Cousin. « Mon Dieu n'est pas l'abstraction de l'unité absolue, le Dieu mort de la scolastique... » (*Frag. phil.*, p. 20.)

« Le Dieu de la conscience n'est pas un Dieu abstrait. C'est un Dieu à la fois vrai et réel, à la fois substance et cause, toujours substance et jamais cause... Un et plusieurs, éternité et temps, espace et nombre, essence et vie, indivisibilité et totalité... au sommet de l'être et à son plus humble degré, infini et fini tout ensemble, triple enfin, c'est-à-dire à la fois *Dieu, nature, humanité...* » (*Ibid.*, 2e éd., p. 76.)

Négation du dogme catholique de la création...

M. Cousin... « Leucippe, Epicure, Lucrèce, Bayle, Spinosa, et tous les penseurs un peu exercés, démontrent trop aisément que de rien on ne tire rien, que du néant rien ne peut sortir; d'où il suit que la création est impossible. » (*Cours d'Hist. de la Phil.*, 5e leçon, p. 141.)

« Dieu crée donc, il crée en vertu de sa puissance créatrice. Il tire le monde, non du néant, qui n'est pas, mais de lui qui est l'existence absolue. » (Pag. 146.)

« Dieu, s'il est une cause, peut créer, et s'il est une cause absolue, il ne peut pas ne pas créer, et, en créant l'univers, il ne le tire pas du néant, il le tire de lui même. » (Pag. 145, 5e leçon.)

« Il y a plus, Dieu crée avec lui-même; donc il crée avec tous les caractères que nous lui avons reconnus, et qui passent nécessairement dans ces créations. » (P. 146, 5e leçon.)

Négation du dogme de l'incarnation et de la divinité de Jésus-Christ.

M. Cousin... « La raison est le médiateur *nécessaire* entre Dieu et l'homme. Ce λογος de Platon, de Pythagore... Ce *Verbe fait chair*... homme à la fois et Dieu tout ensemble. » (*Frag. phil.*, préf. de la 1re édit., page 78.)

M. Damiron... « Le rôle de révélateur a dû succéder, pour Dieu, à celui de créateur; il a produit et puis il a instruit. Non qu'à cet effet il ait pris visage ou corps sous quelque forme; tout ce qui s'est dit de semblable sur cette matière est à notre sens, figure et poésie. Il n'a point eu voix et langage, il n'a enseigné que sous voile, et n'a révélé que sous symbole. » (*Ess. sur l'hist. de la Phil.*, tome II, p. 219.)

Négation du péché originel.

M. Damiron. « Et pour en revenir au péché originel, s'il est pris dans toute la rigueur du sens mystique, il reste un objet de foi, le croit qui peut, mais ce n'est pas là un système scientifique, et le philosophe qui le donne pour base à son système n'établit qu'un système ruineux. » (*Essai sur l'Histoire de la Philosophie*, t. I, p. 216.)

Négation du dogme de la rédemption du divin Sauveur.

M. Damiron. « On serait heureux d'y croire, ce serait une si douce espérance ! Cependant ce n'est là encore qu'une possibilité mystérieuse, que la raison ne peut admettre comme une *vérité positive*.... N'oublions jamais que notre devoir est de tâcher d'être assez riches de notre propre fonds pour payer rançon de nos deniers. » (*Ibid.*, t. I. p. 222-223.)

M. Michelet parlant de saint Grégoire VII (*Histoire de France*, t. II, p. 170), dit : « L'Eglise s'incarna dans un moine. Le réformateur, comme le fondateur, *était fils d'un charpentier.* »

M. Michelet. « Le Christ lui-même a connu les angoisses du doute. » (*Histoire de France*, t. II, p. 638.)

« Le Christ a douté de Dieu. » (p. 641.)

M. Michelet, contre la divine vérité du dogme eucharistique.

« Ce fut au neuvième siècle... Pascase Ratbert qui, le *premier*, enseigna d'une manière *explicite* cette merveilleuse poésie d'un Dieu enfermé dans un pain, l'esprit dans la matière, l'infini dans l'atome. » (*Histoire de France*, 2e édition, t. I, p. 388.)

Blasphèmes contre Dieu et la sainte Vierge. (Michelet.)

« La grâce prévalant sur la loi, il se fit insensiblement une grande révolution religieuse. *Dieu changea de sexe, pour ainsi dire*, la Vierge devint le Dieu du monde. » (*Histoire de France*, t. II, p. 301.)

Le dogme de la grâce blasphémé.

« Le système de la grâce, où l'homme n'est *plus rien qu'un jouet de Dieu*, le dispense aussi de toute dignité personnelle. »

Outrages à Notre-Seigneur Jésus-Christ.

M. Quinet, dans son poëme d'*Ahasverus*... rempli de blasphèmes (p. 236). fait parler ainsi le Chœur des

Rois morts : « O Christ ! ô Christ ! pourquoi nous as-tu trompés !... O Christ ! pourquoi nous as-tu menti ! »

Et le Chœur des femmes : « O Vierge Marie ! pourquoi nous avez-vous trompées ? »

Il met les blasphèmes suivants dans la bouche de Jésus-Christ lui-même :

« Le ciel est vide... je suis seul au firmament... ma mère Marie est morte... et mon père *Jehovah* m'a dit sur son chevet : Christ, mon âge est venu... ma vieillesse est trop grande... va, ton père est mort. » (Pag. 394.)

Il fait dire au Christ (p. 396) : « Qui ai-je été ? qui suis-je ? qui serai-je demain ? Verbe sans vie ? ou vie sans Verbe ? Monde sans Dieu ? ou Dieu sans monde ? *Même néant...* »

Opinion de M. Quinet sur ce que sont à ses yeux la religion..., les lois..., les peuples. (*Allemagne*, 1839, page 82.)

« Quelle loi, quelle société, quelle Eglise, quelle religion, quelle institution qui ne se donne aujourd'hui pour une ombre, et qu'on ne traite en ombre ?... Qui se figure, par exemple, *que nos lois sont des lois ?* que nos rois sont des rois, et ne voit pas que ce sont des fantômes qui n'ont que le visage ? Majestés plus chimériques que les rêves d'Hoffmann... Leurs couronnés ne sont pas des couronnes ; ce sont des bandeaux que vous leur mettez sur les yeux. Leurs sceptres ne sont pas des sceptres ; ce sont des verges avec lesquelles vous les frappez à la face...

Leurs peuples ne sont pas des peuples... Véritables morts revêtus du manteau de la vie... ils escortent dignement les royautés d'un jour. »

Négation du dogme de l'éternité des peines.

M. Patrice Laroque, recteur de l'académie de Limoges, ex-professeur de philosophie au collége royal de Grenoble...

« ... Rien... n'est plus véritablement impie que le dogme de l'éternité des peines... » *Quatre lignes plus bas il ajoute :* « C'est, je le répète, de toutes les impiétés, la plus effroyable que l'homme ait pu imaginer et que sa bouche puisse proférer. » (*Cours de Philosophie*, 1838, p. 269-297.)

M. Damiron nie le dogme de l'éternité des peines...

« Le mieux est certainement que Dieu mette à même de se relever l'homme qui est mort en état de vice, et, par conséquent, qu'il l'appelle à des rapports qui, succédant à ceux qu'il a eus ici-bas, lui permettent de commencer un nouvel exercice de moralité. » (*Essai sur l'Histoire de la Philosophie en France*, t. II, p. 279.)

M. l'abbé Combalot termine par une citation de M. Jouffroy, qui n'est que l'histoire douloureuse de son scepticisme.

« Né de parents pieux et dans un pays où la foi catholique était encore pleine de vie au commencement de ce siècle, j'avais été accoutumé de bonne heure à considérer l'avenir de l'homme et le soin de son âme comme la grande affaire de ma vie, et toute la suite de mon éducation avait contribué à fortifier en moi ces dispositions sérieuses. Pendant longtemps les croyances du christianisme avaient pleinement répondu à tous les besoins et à toutes les inquiétudes que de telles dispositions jettent dans l'âme. A ces questions, qui étaient pour moi les seules qui méritassent d'occuper l'homme, la religion de mes pères donnait des réponses, et à ces réponses... j'y croyais, et grâce à ces croyances la vie présente m'était claire, et par-delà je voyais se dérouler sans nuage l'avenir qui doit la suivre. Tranquille sur le chemin que j'avais à suivre en ce monde, tranquille sur le but où il devait me conduire dans l'autre, comprenant la vie dans ses deux phases, et la mort qui les unit, me comprenant moi-même, comprenant les desseins de Dieu sur moi, et l'aimant pour la bonté de ses desseins, j'étais heureux de ce bonheur que donne une foi vive et certaine en une doctrine qui résout toutes les grandes questions qui peuvent intéresser l'homme. Mais dans le temps où j'étais né, il était impossible que ce bonheur fût durable, et le jour était venu où du sein de ce paisible édifice de la religion qui m'avait recueilli à ma naissance, et à l'ombre duquel ma première jeunesse s'était écoulée, j'avais entendu le vent du doute qui de toutes parts en battait les murs et l'ébranlait jusque dans ses fondements.

« Ma curiosité n'avait pu se dérober à ces objections puissantes semées comme la poussière dans l'atmosphère que je respirais, par le génie de deux siècles de scepticisme. Malgré l'effroi qu'elles me causaient, et peut-être à cause de cet effroi, ces objections avaient fortement saisi mon intelligence. En vain mon enfance et ses poétiques impressions, ma jeunesse et ses religieux souvenirs, la majesté, l'antiquité, l'autorité de cette foi qu'on m'avait enseignée; toute ma mémoire, toute mon âme, s'étaient soulevées et révoltées contre cette invasion d'une incrédulité qui les blessait profondément; mon cœur n'avait pu défendre ma raison. La divinité du Christianisme une fois mise en doute à ses yeux, elle avait senti trembler dans leur fondement toutes ses convictions; elle avait dû, pour les raffermir, examiner la valeur de ce droit, et, avec quelque partialité qu'elle fût entrée dans cet examen, elle en était sortie sceptique. C'est sur cette pente que mon intelligence avait glissé, et que peu à peu elle s'était éloignée de la foi. Mais cette mélancolique révolution ne s'était point opérée au grand jour de ma conscience; trop de scrupules, trop de vives et saintes affections me l'avaient rendue redoutable pour que je m'en fusse avoué les progrès. Elle s'était accomplie sourdement par un travail involontaire dont je n'avais pas été complice, et depuis longtemps je n'étais plus chrétien, que, dans l'innocence de mon intention, j'aurais frémi de le soupçonner ou cru me calomnier de le dire. Mais j'étais trop sincère avec moi-même, et j'attachais trop d'importance aux questions religieuses pour que, l'âge affermissant ma raison, et la vie studieuse et solitaire de l'école fortifiant les dispositions méditatives de mon esprit, cet aveuglement sur mes propres opinions pût longtemps subsister. Je n'oublierai jamais la soirée de décembre, où le voile qui me dérobait à moi-même ma propre incrédulité fut déchiré. J'entends encore mes pas dans cette chambre étroite et nue où, longtemps après l'heure du sommeil, j'avais coutume de me promener; je vois encore cette lune à demi-voilée par les nuages, qui en éclairait par intervalle les froids carreaux. Les heures de la nuit s'écoulaient, et je ne m'en apercevais pas ; je suivais avec anxiété ma pensée qui de couche en couche descendait vers le fond de ma conscience, et, dissipant l'une après l'autre toutes les illusions qui m'en avaient jusque-là dérobé la vue, m'en rendait de moment en moment les détours plus visibles. En vain je m'attachais à ces croyances dernières comme un naufragé aux débris de son navire; en vain, épouvanté du vide inconnu dans lequel j'allais flotter, je me rejetais pour la dernière fois avec elle vers mon enfance, ma famille, mon pays, tout ce qui m'était cher et sacré; l'inflexible courant de ma pensée était plus fort; parents, famille, souvenirs, croyances, il m'obligeait à tout laisser ; l'examen se poursuivait plus obstiné et plus sévère à mesure qu'il approchait du terme, et il ne s'arrêta que quand il l'eut atteint. Je sus alors qu'au fond de moi-même il n'y avait plus rien qui fût debout; que tout ce que j'avais cru sur moi-même, sur Dieu et sur ma destinée en cette vie et en l'autre, je ne le croyais plus ; je l'avais cru sur la foi du fait que maintenant ma raison ne pouvait plus admettre, et que par conséquent je ne le croyais plus, puisque je rejetais l'autorité qui me l'avait fait croire ; je ne pouvais plus l'admettre, je le rejetais. Ce moment fut affreux... et quand, vers le matin, je me jetai épuisé sur mon lit, il me sembla sentir ma première vie, si riante et si pleine, s'éteindre, et derrière moi s'en ouvrir une autre sombre et dépeuplée, où désormais j'allais vivre seul, seul avec ma fatale pensée qui venait de m'y exiler et que j'étais tenté de maudire. Les jours qui suivirent cette découverte furent les plus tristes de ma vie. »

Peut-on me reprocher sérieusement, Messieurs, d'avoir combattu de toutes les forces de ma foi les doctrines que vous venez d'entendre? Quoi! aucun enfant, si sa famille aspire à lui ouvrir une carrière publique, ne sera dispensé de recevoir l'enseignement universitaire? Son esprit sera rempli de principes que notre foi religieuse condamne, et il nous serait interdit, à nous chrétiens, à nous prêtres, d'attaquer, de combattre, de ruiner, si nous le pouvons, ces doctrines!

Mais alors, quelle voie nous laisse-t-on? qu'exige-t-on de nous? Le corps enseignant a-t-il le pouvoir de tout se permettre sans contrôle, et n'aurions-nous plus même la liberté de nous plaindre? Si un livre, si une parole doivent exciter la vigilance des gens de bien, provoquer, s'il le faut, leurs censures, assurément c'est quand ce livre, cette parole émanent d'un homme chargé d'instruire la jeunesse. Rien n'est indifférent dans les écrits d'un fonctionnaire de cette importance. Des erreurs légères chez un autre deviennent graves chez lui. Ce que nous lisons dans son livre, il le professe dans sa classe, et dans cinquante colléges ses confrères le professent, que dis-je? l'imposent comme lui. Car là, plus d'objections, plus de contradictions, plus de critique : un maître qui dicte, des enfants qui écoutent, qui obéissent, qui croient... qui croient que la religion de leurs pères est un mensonge absurde; une poétique erreur, ou une conjuration de prêtres contre la liberté de l'esprit humain; qui croient que le Christ n'est qu'un homme, et qu'il a trompé le monde; que le ciel est une chimère et l'enfer un préjugé.

Oui, si le professeur le dit ou l'écrit, l'élève devra le

croire : son amour-propre y est intéressé; et les palmes scolaires dépendront surtout de sa fidélité à reproduire les leçons de son maître.

Cette croyance sera la sève de ses mœurs, le mobile constant de ses actions.

Et je n'aurais pas le droit de m'effrayer de sa destinée, quand j'ai le droit d'attaquer l'usage que l'on fait de tous les pouvoirs, et l'usage que l'on fait de toutes les libertés?

Je sais que l'on m'objecte : vous êtes libre d'attaquer les doctrines, mais vous devez respecter les personnes.

J'ai donc attaqué les personnes?

Messieurs, quand j'écrivais, j'étais loin de penser que je répondrais devant vous des paroles que me dicte ma conviction, mon cœur, et, si j'ose le dire, ma charité. Prêtre de Jésus-Christ, je me connais un autre juge, un juge qui punit sévèrement des torts dont vous ne pourriez que m'absoudre. Je le consultais en écrivant; je l'ai consulté encore après avoir écrit, et je n'ai pas cru qu'en défendant sa cause, j'eusse oublié l'amour et la compassion que je dois à ceux qui ont le malheur d'être ses ennemis.

Le caractère sacré dont je suis revêtu m'interdit plus qu'à tous les chrétiens, de haïr qui que ce soit au monde. Il n'est point d'ailleurs dans ma nature de haïr ; et depuis bien des années, j'apprends chaque jour davantage à aimer ceux que je combats.

Les hommes qu'on m'accuse d'avoir outragés, je voudrais qu'ils fussent ici ; je les prierais de déclarer s'ils pensent eux-mêmes que j'aie pu un seul instant les haïr.

Je ne les méprise pas non plus. Il n'y a point d'hommes, il n'y a point d'action que nous puissions mépriser.

Quand nous reprenons, quand nous condamnons, quand nous punissons, ce n'est pas en notre nom, ni pour nous venger, ni en vertu de nos lumières. Nous ne pouvons par nous-mêmes, grâce à Dieu, qu'aimer, pardonner et bénir.

Avec de pareils devoirs, avec de pareils sentiments, par quel prodige ai-je donc pu outrager quelqu'un?

Non-seulement je ne l'ai pas voulu faire; je dis, Messieurs, que je ne l'ai pas pas fait. J'ai attaqué les doctrines, les écrits; j'ai nommé les hommes.

Ce n'est pas ma faute si la doctrine porte le nom de celui qui l'a créée, si quelque éclat malheureux de ses erreurs et de sa culpabilité morale retombe sur le nom de celui qui la professe. Ce n'est pas ma faute si le livre est signé de son auteur, et si le blâme qu'il mérite atteint jusqu'à ceux dont il est applaudi.

Que la plupart des philosophes soient meilleurs que leurs leçons; que leur vie offre une permanente réfutation de leurs doctrines, je le crois, et surtout je le souhaite; mais je ne puis faire que ces doctrines ne viennent d'eux, et ne soient empoisonnées.

Je ne puis faire qu'en nommant les doctrines, je ne les nomme; qu'en blâmant les doctrines, je ne les blâme; et si par là on prétend que je les outrage, Messieurs, je n'ai plus qu'à subir une peine qu'il était de mon devoir d'affronter. Je proteste seulement devant vous et devant Dieu, pour l'honneur de la vérité, pour l'honneur du sacerdoce, que personne ne fut outragé dans mon cœur.

Que j'aie excité à la haine et au mépris contre une classe de personnes, c'est encore un grief que je ne puis admettre; et je ne comprends même pas que j'en sois accusé.

Tout le respect que je professe pour les magistats qui m'ont traduit devant vous ne peut m'empêcher de dire que c'est là un délit imaginaire et qui tombe de lui-même, à moins que le fait seul d'avoir discuté des doctrines publiquement émises ne soit devenu un crime dans ce pays de libre discussion.

Oui, j'ai avancé, j'ai voulu prouver que les doctrines professées par une partie des membres du corps universitaire sont funestes; je vous en ai montré qui sont hideuses pour un chrétien, et d'autres qui sont absurdes pour tout le monde. Si c'est un crime, je m'étonne d'être seul sur ce banc.

Avant moi, après moi, vous devriez n'avoir que des écrivains à juger, et des écrivains universitaires plus que d'autres. Qui donc écrit, en ce temps de polémique universelle, une ligne qui ne soit dirigée contre les doctrines d'une classe de personnes; et quelle classe de personnes autant que celle à laquelle j'ai l'honneur d'appartenir, voit provoquer contre elle, tous les jours, la haine et le mépris?

Ce que j'ai dit du monopole, les fonctionnaires de l'Université le disent chaque jour de l'Eglise; ils le disent dans leurs écrits, et vous savez avec quel emportement.

Si la dignité de ma cause, si la dignité de mon rang me le permettaient, il me serait facile d'attrister M. le procureur-général en lui montrant ce que certains professeurs peuvent dire de nous, sans rien perdre de la bienveillance de leurs supérieurs.

C'est contre nous, l'injure et l'outrage, sans ménagement, sans frein; même contre notre moralité, contre nos personnes. On nous signale comme des ennemis publics, des corrupteurs, des fripons; je ne dis rien de trop.

Je pourrais raconter ce qu'en traversant la France, dans mes courses laborieuses, j'ai recueilli d'outrages adressés à mon habit. Je ne sache pas qu'aucun catholique, après avoir lu mon écrit et tout ce qu'on a publié en faveur de la liberté d'enseignement, ait abordé un professeur universitaire pour le traiter de la sorte.

Je suis accusé, Messieurs, d'un méfait nouveau dans l'Eglise de France : j'en suis accusé après 20 ans d'apostolat, quand mes cheveux ont blanchi, quand ma force épuisée avant l'âge, menace de trahir bientôt un zèle indomptable pour le salut des âmes rachetées du sang de Jésus-Christ.

Mon Dieu, j'en appelle à vous! ai-je demandé à mes frères de s'armer contre mes frères?...

Je ne suis pas l'organe d'un parti. Je suis l'expression de la vérité. . . . .

Mes maîtres ont parlé aujourd'hui : la presse a publié un document...

M. LE PROCUREUR-GÉNÉRAL. L'*Univers Religieux!*.

M. L'ABBÉ COMBALOT. La presse a publié aujourd'hui un document qui doit être connu dans cette enceinte. Voici un passage de ce document où M. l'archevêque de Paris et les évêques de la province font entendre au Roi un langage énergique sur le projet de loi présenté naguères à la chambre des Pairs.

« Mais ce que les évêques doivent dire au roi avec une respectueuse franchise, c'est que la libre concurrence et l'abolition de tout monopole sont le seul moyen de rassurer la masse des catholiques de France et de les rallier à nos institutions :

« On l'a observé, et cette remarque est pleine de justesse : EN TROIS ANS M. VILLEMAIN A FAIT PERDRE AU GOUVERNEMENT TOUT LE TERRAIN ACQUIS PAR DIX ANNÉES DE LUTTE, DE PRUDENCE ET D'HABILETÉ. A force, en effet, de répéter que l'Université et l'Etat sont une seule et même chose, que l'Université est l'Etat enseignant, qu'on attaque l'un en attaquant l'autre, n'a-t-on pas persuadé qu'il y avait entre le gouvernement et l'Université une certaine ligue offensive contre l'Eglise, et qu'ainsi il fallait désormais choisir entre la Religion et le Roi? Cette pensée est malheureuse. Personne n'en gémit plus amèrement que les évêques, comme personne plus sincèrement ne la réprouve : mais toujours est-il qu'elle a cours.

« Or, la libre concurrence une fois accordée, elle s'arrêtera. Le roi sera mieux jugé, et l'action de son gouvernement mieux accueillie.

« Enfin, et c'est par là que nous terminons, Sire, la libre concurrence et l'abolition de tout monopole sont le seul moyen de garantir les intérêts de la religion.

« Que le roi daigne le remarquer : depuis treize ans, nous avons perdu la seule compensation qui fût donnée aux catholiques pour leur faire supporter l'absence de la liberté d'éducation.

« Sous l'Empire et sous la Restauration, le monopole

universitaire existait : mais il existait avec une clause et sous un régime qui donnait sécurité à la foi véritable. Alors on attachait quelque sens, on reconnaissait quelque force à cet article du décret constitutif de l'Université : *Toutes les écoles de l'Université impériale prendront pour base de leur enseignement les préceptes de la religion catholique.* Si donc il y avait monopole, au moins il n'y avait pas monopole au profit du protestantisme, du déisme ou du panthéisme. Le père de famille catholique était violenté dans son choix, mais il ne l'était pas dans sa foi. l'Université était une prison; mais, s'il est permis de le dire, c'était une prison orthodoxe; ou du moins, légalement parlant, elle devait l'être.

« Depuis lors les choses ont bien changé, 1830 est venu. L'article 38 du décret de 1808 est tombé en désuétude. On a émancipé l'Université sans émanciper les pères de famille. Profitant seuls des libertés plus larges octroyées par la Charte nouvelle, les professeurs de l'Etat ont cru qu'ils pouvaient tout oser dans leur enseignement; et néanmoins on a laissé toujours peser sur les parents l'obligation de livrer leurs fils à cet enseignement.

« Ainsi le monopole est demeuré ce qu'il était, moins les garanties d'orthodoxie qu'il offrait aux familles. On est resté lié à des hommes qui ne l'étaient plus. Il y a eu liberté pour enseigner l'erreur; il n'y en a pas eu pour l'éviter.

« Etait-il possible que tant de servitude d'un côté, et tant de licence de l'autre, ne fussent pas dommageables à la religion? Elles l'ont été. L'arbre a porté son fruit.

Nos jeunes générations s'en sont nourries, rassasiées. Le mal a été vite; et s'ils n'est pas aujourd'hui sans remède, c'est que la vérité et la foi ont dans notre pays une force vitale et comme une promesse de longévité qu'il n'est donné ni à quelques hommes ni à quelques années de détruire.

« Et quand nous disons, Sire, que depuis 1830, les professeurs des colléges se sont cru tout permis dans leurs cours en matière de doctrine religieuse, c'est que cela résulte clairement, pour tout homme attentif et de bonne foi, tant de leurs propres aveux que de leurs leçons, de leurs ouvrages et de la conduite même de l'Université.

« Aussi, que répondent-ils ces hommes aveugles à ceux qui suspectent leurs croyances et dénoncent leur enseignement? Ils répondent qu'on veut enchaîner la pensée, qu'on fait la guerre à l'intelligence et au libre examen : n'est-ce pas dire équivalemment que, selon eux, l'article 38 du décret de 1808 est aboli, et que, grâce à cette réforme, chaque professeur désormais, non-seulement comme homme privé, mais encore comme homme public, comme maître de la jeunesse, comme professeur enfin, est, sous le rapport des croyances, dans une pleine et entière indépendance?

« Ils le disent aussi dans leurs cours, ainsi que l'ont si tristement prouvé MM. Michelet et Quinet, dans cette publication trop célèbre, qui n'est que la reproduction fidèle de leur enseignement moral, et dont, comme nous, le Gouvernement du Roi a déploré l'apparition.

« Ils le disent aussi dans leurs ouvrages, comme il n'est que trop facile de s'en convaincre lorsqu'on passe en revue tout ce qu'ils ont avancé d'anti-chrétien sur Dieu, sur la création, sur la nature, sur l'homme, sur l'incarnation, sur le libre arbitre, sur la distinction du bien et du mal moral. Le détail en serait ici trop long.

« Mais l'Université le dit aussi à sa manière, et sans qu'il soit possible de s'y tromper. A qui fait-elle une obligation sérieuse d'enseigner la pure, la vraie doctrine catholique? Depuis treize ans qu'elle a formé tant de professeurs, lui est-il arrivé souvent de faire *à priori* une recommandation dans ce sens?

« Tous les jours des ouvrages hostiles à la Religion sont lancés dans le monde studieux. Ils le sont ordinairement par des professeurs de collége ou par de plus hauts fonctionnaires encore. Que fait l'Université? Elle prend ces ouvrages sous sa protection; elle les approuve, elle les recommande, elle va même jusqu'à les imposer; et les convertissant en livres classiques, elle assure à la fois et d'un seul coup la fortune des auteurs et la subversion des lecteurs. Elle nomme indifféremment pour occuper ses chaires, des hommes de toute religion ou des hommes sans religion!

« Il y a des protestants pour enseigner l'histoire; il y a des juifs pour enseigner la philosophie, il y a des panthéistes pour diriger, pour inspirer l'Ecole même où l'on apprend à enseigner. Que l'on s'effraie sur le point de vue religieux d'un enseignement si funeste, l'Université n'en tient aucun compte : elle maintient ces hommes, elle les élève même à de plus hauts postes, à de plus flatteuses dignités, à une indépendance plus complète; et ceux-là n'en deviennent que plus audacieux et plus violents. Les Evêques se sont émus : l'Université a crié au scandale. Il n'a pas dépendu d'elle qu'ils ne fussent châtiés par l'amende et la prison. Ne pouvant obtenir ce genre de répression, elle a employé les armes qui étaient dans ses mains : elle a refusé les autorisations qui étaient d'ailleurs les mieux motivées ; elle a excité M. le ministre des cultes à réclamer l'exécution sévère des ordonnances ; et au lieu de la liberté promise, elle a rendu plus lourd le joug du monopole. Cependant, Sire, les Evêques se sont bornés à protester contre des doctrines qui ont fait plus de mal à l'Université que ne peuvent lui en faire ses plus grands ennemis ; contre des doctrines qui, au fond, ne diffèrent d'un véritable athéisme, que parce que ceux qui les professent reculent heureusement devant leurs conséquences.

« Nous n'examinerons pas si un gouvernement, qui a le véritable sentiment de sa conservation, doit et peut étendre la liberté des cultes jusqu'à cette licence sans bornes des opinions philosophiques. Il ne peut y avoir pour un gouvernement une nécessité si funeste ; mais en le supposant sous l'empire de cette fatalité, encore faudrait-il que la liberté donnée à des professeurs de tout enseigner ne devînt pas la plus intolérable des servitudes en ravissant aux pères de famille les moyens de conserver la foi de leurs enfants.

« De deux choses l'une donc : ou il faut que l'article 38 du décret constitutif de 1808 soit rétabli avec toutes ses conséquences, ou il faut qu'en vertu de l'article 69 de la Charte, la liberté d'enseignement soit accordée avec toutes les siennes, c'est-à-dire avec la libre concurrence, l'abolition de tout monopole et une indépendance entière à l'égard de l'autorité universitaire. Si l'article 38 est rétabli, alors l'Université doit être catholique dans son enseignement; et son premier acte d'autorité, ou plutôt le premier témoignage de son repentir, doit être de faire justice des hommes et des livres qui pervertissent en son nom, et de la manière la plus flagrante, la jeunesse catholique de France. Si au contraire la liberté d'enseignement est accordée, l'Université doit renoncer à son monopole et laisser le champ libre à quiconque y voudra moissonner auprès d'elle.

« Dans le premier cas, il n'y aura de liberté pour personne. Il ne sera point loisible aux pères de famille de confier leurs enfants à d'autres mains que les mains universitaires; mais aussi il ne sera plus permis aux maîtres de la science d'y mêler le venin de l'incrédulité et de l'erreur. Une servitude consolera de l'autre.

« Dans le second cas, il y aura liberté pour tous. L'Université distribuera comme elle l'entendra ses doctrines; mais des hommes de foi prépareront de leur côté l'antidote; mais les évêques pourront prémunir les familles catholiques contre les séductions d'un enseignement corrupteur. Il y aura lutte entre le bien et le mal. Les pères de famille choisiront. Une liberté fera supporter l'autre. La vie et la mort seront offertes à tous. Chacun, à ses risques et périls, portera à sa bouche ou donnera à son fils le fruit qu'il croira le meilleur. Cela vaudra mieux que le régime sous lequel nous vivons, et qui peut se traduire par ces trois mots : Liberté pour l'Université; servitude pour les autres et nécessité de mourir pour tous.

« Et si nous avons posé l'alternative, si nous avons demandé ou la liberté ou le retour de l'Université à son principe constitutif, qui lui imposait le devoir d'un enseignement exclusivement catholique, ce n'est pas que nous ayons cru ce dernier parti véritablement praticable. Non, nous dirait-on, avec la liberté de conscience l'Université ne peut pas être exclusivement catholique; mais alors on doit nécessairement nous accorder qu'avec la liberté de conscience il doit se trouver un enseignement librement et sûrement catholique, ce qui n'est pas et même ne peut pas être sous le régime du monopole universitaire. »

Maintenant, Messieurs, de deux choses l'une : ou le corps universitaire doit une obéissance entière aux décrets de l'Empire; ou ces décrets ont été abolis de fait, par la Charte de 1830.

Dans le premier cas, les doctrines anti-catholiques dont vous venez d'entendre l'énoncé, sont une violation évidente et publique de ces décrets. D'après les décrets constitutifs du corps enseignant, les préceptes de la religion catholique doivent être la base de l'enseignement de l'Université, et M. le Grand-Maître a juré au pied des autels, *avec le même cérémonial que les archevêques, de ne se servir de l'autorité qui lui est confiée que pour former des citoyens attachés à leur religion* (*décret du 17 novembre* 1808, *art.* 1er). Tous les membres de l'Université sont tenus de prêter le même serment, et doivent, par conséquent, l'avoir prêté (article du décret du 17 mars 1808 et article 14 de celui cité ci-dessus).

Mais le premier précepte de la religion catholique est de *croire* d'une foi invincible, surnaturelle, immuable, *tout* ce que l'Eglise enseigne. Si donc le Grand-Maître permet, autorise ou tolère un enseignement philosophique destructeur de la foi révélée ; s'il souffre que les membres les plus influents et les plus distingués de l'Université attaquent, dans leurs écrits et dans des cours publics, soit les dogmes, soit le culte, soit la hiérarchie divine du catholicisme, il manque à ses engagements les plus sacrés, car il se rend responsable devant Dieu, devant la nation et devant l'Etat même, de tous les maux qu'un tel enseignement prépare à la jeunesse, à la France et au monde.

Mais si la Charte a aboli implicitement les décrets de l'Empire, il faut en conclure en premier lieu que l'Université n'a point d'existence légale ; qu'elle est une violation organisée de toute notre législation. Il faut en induire, en second lieu, que les membres de cette administration n'étant pas soumis au contrôle du Grand-Maître, dans l'ordre religieux, la ruine du catholicisme est inévitable, sous l'influence d'un enseignement légalement indifférent à toute croyance, à toute religion.

Dans cette hypothèse, en effet, l'Etat en nommant un Grand-Maître de l'instruction publique, n'a point à s'enquérir si son candidat est catholique, juif ou protestant. Cet homme lui plaît, il le nomme, tout est fini.

Le Grand-Maître, à son tour, n'a rien à demander, au point de vue religieux, aux membres du conseil royal. Ils peuvent être indifférents ou hostiles au catholicisme : c'est leur droit constitutionnel ; tout est dit.

Le conseil royal lui-même n'a point à s'informer si les

livres, les méthodes, les programmes qu'il approuve, sont en harmonie avec les préceptes d'une religion quelconque : cette enquête n'est pas de son ressort.

Si une semblable institution, Messieurs, n'est pas menaçante pour le catholicisme, il faut dire que le doute peut engendrer la foi, que l'indifférence religieuse suffit à l'homme, et qu'une génération qui ne croit pas en Dieu peut assurer le bonheur et la gloire de la France...

Pères de famille qui allez être mes juges, non, vous ne me ferez pas un crime de mon affection pour l'âme de vos enfants, vous ne me punirez pas de la sainte indépendance avec laquelle je suis venu défendre devant vous la liberté de la famille, celle de la conscience, et les plus chers intérêts de la société.

Rappelez-vous quelles furent vos angoisses quand vint pour vous le moment de remettre vos enfants aux mains de ceux qui devaient former leur cœur et diriger leur éducation publique.

Vous saviez que les huit ou dix années qui s'écoulent pour eux dans cette redoutable épreuve de la vie de collége, décident de leur avenir et de votre repos.

Le collége doit être une seconde famille pour l'adolescent ; il faut qu'il y trouve une seconde maternité. C'est au collége qu'il doit apprendre à vivre de la vie de l'âme ; c'est au collége que germent les citoyens vertueux. Mais si la piété, loin d'y être en honneur, est devenue un objet de raillerie et de sarcasme ; si le respect humain, cette lèpre des âmes lâches et vulgaires, étend ses ravages dans le collége que vous choisissez pour l'éducation de votre fils ; si la foi vivante encore dans le cœur d'un petit nombre d'enfants y est réduite à s'envelopper d'une sorte de mystère pour échapper aux persécutions d'une majorité mécréante et corrompue, que deviendront vos espérances les plus chères? quelles calamités sont réservées à notre patrie?

Une éducation profondément chrétienne, Messieurs, fut toujours la source, l'unique source des vertus domestiques; elle forme seule le jeune homme à l'oubli de soi, à l'amour de ses semblables, à l'esprit de sacrifice, au sentiment du devoir, à la passion de l'ordre, à la piété, au culte des bonnes et grandes choses.

Comparez, je vous prie, cette éducation à ce que vous pouvez connaître de celle que reçoit la jeunesse dans la plupart des établissements du monopole; n'oubliez pas les gémissements d'une mère quand le collége, trompant sa confiance, lui rend, non plus un fils tendre et respectueux, mais un raisonneur sans foi, qui revient fronder sa piété, et qui désolera sa vieillesse.

Recueillis dans le sentiment de ce contraste, éclairés du rayon de lumière qu'il répand sur ma cause, embrassant du même coup d'œil les immenses besoins de la famille, les besoins non moins impérieux de la société et les destinées éternelles des jeunes générations, dites vous, au moment de prononcer sur l'accusation dont je suis l'objet, si c'est à l'enseignement d'une philosophie incrédule que vous demanderez l'ami que vous souhaitez à votre fils, l'époux que vous cherchez pour votre fille.

M. LE PROCUREUR-GÉNÉRAL. Nous vous demandons, messieurs les jurés, la permission de vous dire encore un mot, qui nous est inspiré par l'une des citations nombreuses qui viennent d'être produites.

Si on n'avait pas prononcé un nom qui réveille en nous un triste souvenir, nous n'aurions pas repris la parole ; nous aurions laissé à votre raison le soin d'apprécier ces lambeaux de pensées qu'on va chercher, non pas dans les leçons, non pas même dans les livres destinés à la jeunesse, mais dans les ouvrages d'écrivains qui professent librement des cours ouverts au public et particulièrement, on peut même dire, seulement aux hommes dont l'esprit est formé. Nous vous aurions laissé juger si ces lambeaux d'écrits, quelque interprétation que la discussion veuille leur donner, peuvent justifier les accusations portées contre l'Université, contre ses colléges, contre ses professeurs, contre ses doctrines ; ces accusations si odieuses d'enseigner l'irréligion, l'athéisme, le libertinage, l'immoralité...

Mais un nom a été prononcé, le nom de Jouffroy, et, par les faits qui se rattachent à lui, vous allez voir comment on se laisse égarer, même par un zèle saint, alors qu'il n'est pas dirigé par la prudence, et comment, entraîné par une déplorable légèreté, on peut calomnier même les morts, et faire porter à une malheureuse veuve et à ses enfants orphelins le poids de soupçons dénués de toute vérité et dont on aurait pu reconnaître l'inexactitude si on avait voulu prendre la peine de vérifier.

A l'âge de vingt ans, alors qu'il n'était pas professeur, alors qu'il n'était investi d'aucune fonction, qu'il était simple élève de l'Ecole normale, un homme, dont l'esprit travaillait à la recherche de la vérité, qui avait reçu les principes du catholicisme, qui y était attaché, qui voulait y demeurer attaché, sentit pourtant un jour, une nuit, comme il le dit lui-même, le doute, ce doute que tout le monde ne peut pas toujours maîtriser, qu'on peut combattre, refouler sans doute, mais qu'on ne saurait empêcher de se présenter à l'esprit, au moins une fois dans la vie; le doute qui assaillit Pascal, qui assaillit des hommes qui devinrent les Pères de l'Eglise; un jeune homme de vingt ans l'éprouve un jour, un moment; il engage avec lui une lutte corps à corps; il mouille sa couche de ses larmes. Le lendemain et les jours qui suivirent cette lutte furent, il le dit, les plus tristes de sa vie. Savez-vous dans quel écrit Jouffroy a ainsi raconté ses douleurs, ses luttes, ses regrets? Vous croyez tous, en ce moment, que c'est lui qui a publié ces choses, pour qu'elles fussent connues; point du tout! il les avait consignées dans un écrit destiné à rester inconnu, comme beaucoup de ces compositions auxquelles se livre un homme habitué à réfléchir, habitué à rendre sa plume confidente de ses pensées. Elles étaient là, dormantes, oubliées peut-être depuis bien des années. Il meurt; sa veuve remet à M. Damiron tous ses papiers, tous les écrits laissés par son mari.

M. Damiron publie quelques-uns de ses écrits. On s'en empare, on les commente... et vous allez voir (je suis obligé de le dire maintenant, je ne l'avais pas dit dans mon réquisitoire) comment on s'en est emparé et quel usage on en a fait contre M. Jouffroy, contre un homme mort, dont la mémoire n'a laissé dans l'esprit de tous ceux qui l'ont connu que des impressions de bienveillance, d'affection, je dirai presque de respect. On s'en empare, et l'on dit : voilà les leçons d'un professeur de l'Ecole Normale : parce que, vingt ans après, M. Jouffroy après avoir parcouru tous les degrés de l'enseignement, après avoir laissé dans l'exercice de ses fonctions non-seulement les traces de son esprit si distingué, mais celles des croyances les plus fermes, qu'il avait pris soin de proclamer toutes les fois qu'il en avait trouvé l'occasion; parce qu'il est arrivé au faîte de l'enseignement, on se sert de ces fragments publiés, après sa mort, et qu'il n'avait pas destinés à voir le jour; dans lesquels il avait déposé le doute qu'il avait éprouvé un instant; on s'en sert pour s'écrier : les professeurs de l'Université, les membres du conseil royal sont des incrédules, des athées.

Or, maintenant voilà ce que l'on savait, ce que l'on devait savoir, et ce que l'on n'a pas dit. Ce même homme, professeur à l'Ecole Normale, sur le point de devenir membre du conseil royal de l'instruction publique, remplissant, cette fois, des devoirs publics, donnant des leçons à la jeunesse, présidant à l'enseignement public, vingt ans plus tard, en 1840, présente un rapport à l'Académie des sciences morales et politiques sur le concours relatif aux écoles normales primaires; nous y lisons :

« Faire des maîtres qui enseignent bien certaines choses, et seulement certaines choses, est un problème aisé à résoudre: la vraie difficulté est d'en former qui donnent à la patrie des enfants *moraux et religieux*, qui l'aiment et la servent, etc.

« Il n'y a qu'une voix pour proclamer que sans la religion il n'y a pas d'éducation morale possible, et qu'elle doit être l'âme des écoles normales. Ce sont là des symptômes doublement rassurants, en ce qu'ils indiquent dans la société tout entière un retour, et dans le sein de l'instruction primaire, en particulier, un attachement ferme aux saines doctrines et aux saines idées...

« La religion étant la base de la morale, le succès de l'instituteur moral exige non-seulement la neutralité, mais la bienveillance, et s'il se peut l'appui, et s'il se peut le concours du prêtre.

« Pour que l'instituteur aime sa mission, il faut qu'il la comprenne et qu'il soit chrétien ; ne lui fermez donc pas les yeux sur sa mission, ouvrez-les lui au contraire ; mais ouvrez-les lui au point de vue chrétien, le seul d'où elle puisse être comprise dans toute sa grandeur et dans toute sa sainteté, parce qu'il est le seul d'où elle puisse apparaître ce qu'elle est véritablement, une association glorieuse à l'œuvre de Dieu, aux desseins de la Providence sur l'humanité....

« Le christianisme renferme une éducation d'une profondeur inépuisable, qui s'est faite petite quand il fallait, qui s'est développée à mesure que par elle se développaient les sociétés, qui a grandi avec elles, toujours constante dans son but... contenant en elle non-seulement la solution des problèmes et la satisfaction des besoins du passé, auxquels elles a suffi, mais la solution des problèmes et la satisfaction des besoins du présent et de l'avenir, les uns si nouveaux, les autres inconnus, et auxquels elle seule peut suffire. »

Vous voyez que cette fois, il s'agissait bien là des idées de Jouffroy, en matière d'enseignement. C'est là que vous pouviez trouver le dépôt des doctrines et des croyances du professeur, du membre du conseil royal ; c'est là qu'il a écrit ce qui devait être publié pour pénétrer dans l'intelligence des élèves qu'il était chargé de diriger et de conduire.

Eh bien, quand ce document public que tout le monde a pu voir existe; quand il a été publié deux années avant la mort de Jouffroy, avant même l'époque à laquelle il a été appelé par le gouvernement à faire partie du conseil royal de l'instruction publique, dites-moi par quelle légèreté, par quelle imprudence inexcusable, je ne veux par accuser un autre sentiment, vous citez un autre fragment qui n'est que l'expression d'une pensée secrète, fugitive, oubliée.

Pourquoi aller de préférence rechercher ce fragment d'une confession qui remonte à vingt ans? Pourquoi? Sinon pour accuser l'Université; pour accuser en même temps la mémoire de l'auteur, et pour désoler sa famille; car ce n'est pas seulement à cette audience qu'on a fait de Jouffroy un incrédule, un athée; c'est dans la brochure même de M. Combalot. Nous avions évité de citer les noms, afin de ne pas éveiller la susceptibilité des personnes et des familles. Mais, puisqu'on l'a voulu, voyez comment, sur de telles données, un homme qui n'est plus là pour se défendre, a été traité dans cette déplorable brochure; écoutez comment on y parle de lui. Vous vous demanderez, après avoir entendu ce passage, si c'est là de la charité.

« M. Jouffroy fut longtemps membre du conseil royal, et M. Jouffroy est mort sans avoir demandé pardon à Dieu et aux hommes des pages horriblement impies, dans lesquelles il épuisa toute l'énergie de sa raison sceptique, pour apprendre à la jeunesse française comment *finissent les dogmes du catholicisme.* »

Qui vous a dit qu'il n'a pas demandé pardon à Dieu de ce moment d'oubli ou plutôt de ce moment de doute qui avait traversé son esprit, vingt ans et plus avant sa mort? Qui vous l'a dit? Voulez-vous insinuer par là qu'il est mort sans les secours de la religion? Vous vous trompez; il est mort assisté d'un prêtre, et deux ans auparavant, dans son rapport de 1840, il avait professé les idées les plus justes, et les opinions les plus saines, sur l'enseignement de la morale et de la religion.

Par ce seul exemple vous voyez, messieurs les jurés, combien il faut se tenir en garde contre ces entraînements du zèle, alors qu'on serait, comme on le dit, animé des meilleures intentions et de l'esprit de charité.

Quant à nous, vous comprenez que nous ayons cédé à l'émotion qui nous a saisi quand nous avons entendu citer d'une façon si douloureuse le nom d'un homme qui fut notre collègue, et nous pouvons dire notre ami; d'un homme que nous avons toujours vu bon père de famille, homme moral, religieux, et dont la veuve, les enfants seraient profondément attristés si les imputations formulées contre lui étaient demeurées sans réponse, et si une voix ne s'était pas élevée dans cette enceinte pour défendre sa mémoire.

M. L'ABBÉ COMBALOT. J'ai cité dix autres passages de M. Jouffroy, dans lesquels il établit positivement que les dogmes du Christianisme sont finis, qu'ils n'existent plus.

M. LE PROCUREUR-GÉNÉRAL. Nous n'avons voulu en

relever qu'un seul, dont l'inexactitude nous a frappé et affligé.

M. L'ABBÉ COMBALOT. M. Jouffroy a fait des cours publics pour dire à la jeunesse que le problème de la destinée humaine n'avait pas de solution. Toute la jeunesse a pu entendre tomber ces paroles de sa chaire du collége de France. Je respecte la mémoire de M. Jouffroy. Je souhaite que Dieu lui ait fait miséricorde.

Mais, il m'est permis de dire que ses enseignements sont un grand malheur, et l'autorité de M. Jouffroy peut avoir été bien funeste pour ceux qui l'ont pu entendre. Où en serions-nous donc, si on ne pouvait pas citer les livres d'un homme mort, des livres dont les doctrines ont été professées par son auteur ; et ces enseignements ne se sont pas renfermés dans l'enceinte du collége où il les professait ; ils ont été recueillis sous sa direction, ils ont été publiés de son vivant ; il est donc responsable de tout ce qu'il a enseigné : et je vous adjure de me dire si, quand un homme qui a écrit que les dogmes catholiques sont morts, qu'ils sont devenus ridicules, je vous demande si un prêtre ne peut pas, ne doit pas se soulever contre ces doctrines et signaler leurs dangers ; et ces doctrines, je le répète, ont été publiées pendant la vie de M. Jouffroy, elles ont été proclamées dans le *Globe*, et dans les livres dont il a surveillé lui-même l'impression.

M. DE RIANCEY. Si Messieurs les jurés veulent consulter les passages de l'ouvrage incriminé, ils sont à leur disposition.

M. le président résume les débats, et pose au jury les cinq questions suivantes :

Le prévenu est-il coupable du délit

1° De diffamation envers une administration publique?

2° D'injures publiques envers la même administration?

3 D'avoir cherché à troubler la paix publique, en excitant le mépris ou la haine contre une classe de personnes?

4° de provocation à la haine entre les diverses classes de la société?

5° D'excitation à la haine et au mépris du Gouvernement du Roi?

Le jury, entré en délibération à cinq heures moins un quart, revient dans la salle d'audience à six heures, avec un verdict qui résout affirmativement, à la majorité, la première et la deuxième question, et à la simple majorité, la troisième question ; les deux dernières sont résolues négativement.

M. LE PROCUREUR-GÉNÉRAL requiert l'application de la loi.

M. LE PRÉSIDENT. Le prévenu et son défenseur ont-ils quelque chose à dire sur l'application de la peine?

M. DE RIANCEY. Rien M. le président.

M. LE PRÉSIDENT. La Cour ordonne qu'il en sera délibéré en la Chambre du Conseil.

Après vingt minutes de délibération, la Cour entre en séance, et M. le président prononce l'arrêt suivant :

Considérant qu'il résulte de la délibération du jury, que Théodore Combalot s'est rendu coupable, en distribuant, publiant et mettant en vente une brochure commençant par ces mots : « Soldat obscur », et finissant par ceux-ci : « Athéisme », et notamment dans les passages suivants (suit l'énumération des pages incriminées), du délit

1° De diffamation envers une administration publique;

2° D'injures envers la même administration;

3° D'avoir cherché à troubler la paix publique, en excitant le mépris envers une classe de personnes;

Que ces délits sont prévus par les articles 1 et 13 de la loi du 17 mai 1819, 5, 9 et 10 de la loi du 25 mars 1822;

Vu le code d'instruction criminelle sur le cumul des peines;

Vu la loi du 17 avril 1832, et par application de l'art. 5 de la loi du 25 mars 1822 :

La Cour condamne le sieur Théodore Combalot à quinze jours de prison et 4,000 francs d'amende. »

L'audience est levée à six heures et demie.

FIN.

Imprimerie d'A. SIROU, succ. d'A. Pihan de la Forest, rue des Noyers, 37.

www.ingramcontent.com/pod-product-compliance
Ingram Content Group UK Ltd.
Pitfield, Milton Keynes, MK11 3LW, UK
UKHW012040240726
13965UKWH00003B/927

9 782013 095938